AF296689

COUR D'APPEL DE LYON

PROCÈS-VERBAL

DE L'AUDIENCE SOLENNELLE DE RENTRÉE
DU 17 OCTOBRE 1898

LA LOI DE SURSIS

Son Fonctionnement, sa Réforme

Discours de M. BOURDON

Avocat général

LYON

IMPRIMERIE Vᵉ MOUGIN-RUSAND

3, Rue Stella, 3

M D CCC XCVIII

RENTRÉE

DE LA

COUR D'APPEL DE LYON

PROCÈS-VERBAL

DE L'AUDIENCE SOLENNELLE DE RENTRÉE
DU 17 OCTOBRE 1898

LA LOI DE SURSIS

Son Fonctionnement, sa Réforme

DISCOURS DE M. BOURDON
Avocat général

LYON

IMPRIMERIE Vve MOUGIN-RUSAND

3, Rue Stella, 3

—

M D CCC XCVIII

PROCÈS-VERBAL

DE L'AUDIENCE SOLENNELLE DE RENTRÉE

DE LA

COUR D'APPEL DE LYON

17 OCTOBRE 1898

Lundi 17 octobre 1898, toutes les Chambres de la Cour d'appel de Lyon se sont réunies en assemblée générale, sur la convocation et sous la présidence de M. Maillard, premier président, pour procéder à l'audience solennelle de rentrée.

A onze heures du matin, la Cour en robes rouges, précédée de ses huissiers audienciers et accompagnée de l'Ordre des Avocats, du Tribunal civil, de Messieurs les Juges de paix des cantons de Lyon et des deux corporations des Avoués près la Cour et près le Tribunal de première instance, s'est rendue à l'église métropolitaine de Saint-Jean où deux de Messieurs les

Chanoines l'ont reçue à l'entrée du chœur, suivant le cérémonial ordinaire.

Une grand'messe du Saint-Esprit, précédée du *Veni Creator*, a été chantée par la chapelle de la Primatiale. Son Eminence, Mgr Coullié, cardinal-archevêque de Lyon, assistait à l'office.

Après la cérémonie la Cour est rentrée au Palais de Justice.

Le Tribunal civil, Messieurs les Juges de paix, l'Ordre des Avocats et Messieurs les Avoués ont pris place dans la grande salle du Palais de Justice sur les bancs qui leur avaient été réservés.

M. le Conseiller maître des cérémonies, accompagné des huissiers de service, a introduit Son Eminence le Cardinal Coullié et ses vicaires généraux MM. les abbés Bonnardet et Vindry, M. Compayré, recteur de l'Université de Lyon, M. Caillemer, doyen de la Faculté de droit, M. Vindry, président du Tribunal de commerce, MM. Marty et Moullé, secrétaires généraux de la Préfecture, M. Firmery, adjoint au Maire de Lyon, M. le Colonel de gendarmerie, auxquels des lettres d'invitation avaient été adressées par M. le premier Président et pour qui des sièges avaient été disposés dans le prétoire.

La Cour ayant pris séance, M. le premier Président a déclaré l'audience solennelle ouverte. La Cour a procédé aux prestations de serment et installation de M. Wencker, conseiller, nommé en remplacement de M. Cuaz, admis à la retraite et nommé conseiller honoraire. M. le premier Président a ensuite donné la parole à M. le Procureur général, sur l'invitation duquel M. Bourdon, avocat général, a prononcé le discours suivant :

Monsieur le Premier Président,

Messieurs,

On rapporte quelque part un mot assez curieux d'un académicien du siècle dernier. Il affirmait qu'il ne fallait rien lire, dans les séances publiques de l'Académie française, par delà ce qui est imposé par les statuts, et il motivait son avis en disant : « En fait d'inutilités, il ne faut que le nécessaire. »

Appliquée aux joutes oratoires, si merveilleusement brillantes, qui se livrent sous la Coupole, cette appréciation est non moins juste qu'irrespectueuse et apparaît seulement comme une spirituelle boutade. Mais, en revanche, elle s'adapte si parfaitement à certains discours, dont le Décret du 6 juillet 1810 perpétue le fastidieux usage, qu'on la croirait spécialement faite pour eux et à leur intention. Aussi bien, c'est très brièvement que sera remplie la tâche inévitable, par laquelle s'affirme la reprise des travaux judiciaires, et la loi de sursis, envisagée dans son application et dans ses réformes, fera les frais de cette obligation.

Le 26 mai 1884, M. le sénateur Bérenger présentait au Sénat une proposition de loi « sur l'aggravation progressive des peines en cas de récidive et sur leur atténuation en cas de premier délit (1) ». Pour la première fois était posé, dans la seconde partie de ce généreux projet, le principe de la condamnation conditionnelle, ou, pour parler plus exactement, de la *condamnation avec sursis conditionnel à l'exécution de la peine*.

Vainement, à l'époque, on s'est flatté d'avoir trouvé des précédents, dans les législations anciennes, ou dans celles contemporaines adoptées par les nations étrangères, et il faut convenir qu'alors la proposition de M. Bérenger réalisait une entière et remarquable innovation. En effet, il est presque superflu de mettre en relief les différences capitales

---

(1) Voici le texte de cette proposition :

Article 3. — L'article 463 du Code pénal est modifié ainsi qu'il suit :

Paragraphe additionnel. En cas de condamnation à l'emprisonnement, si les circonstances sont atténuantes, si, en outre, l'inculpé n'a pas subi de condamnation et que sa conduite antérieure, sa situation, ses marques de repentir, paraissent offrir des garanties suffisantes, les Tribunaux correctionnels sont autorisés, après avoir prononcé la condamnation, à ordonner par décision motivée qu'il sera sursis à l'exécution de la peine, tant que le condamné ne donnera pas de nouveaux sujets de plainte.

En cas de seconde condamnation dans le délai de cinq ans, la première peine est d'abord exécutée et ne peut se confondre avec la seconde.

Son exécution commence à partir du jour de l'arrestation.

qui existent entre le sursis à l'exécution de la peine et, soit, d'une part, le pardon, le blâme, l'admonition, soit, d'autre part, la mise en surveillance de l'inculpé, laissé en liberté sous la menace d'une condamnation à intervenir, ce qu'on appelle le « probation system ».

Le pardon, le blâme, l'admonition, bien que portant des noms différents, procèdent, en somme, d'une idée commune et conduisent à des résultats identiques, car, avec eux, l'inculpé est définitivement exempté de toute peine effective, pour le présent et pour l'avenir. Tous trois, au point de vue de leurs effets, sont donc très sujets à critique, puisqu'ils laissent le fait délictueux sans répression, actuelle ou future, et qu'ils n'exigent aucun amendement de l'agent du crime. Mais, comme ils remontent à la plus haute antiquité et que leur origine se perd dans la nuit des temps, il s'est trouvé des criminalistes pour en préconiser les vertus, dont la plus évidente est sans doute le droit d'ancienneté. Comment, en effet, ne pas être impressionné en songeant que le Digeste (2) prévoyait l'admonition, qu'il qualifiait *severa interlocutio*, et qu'il réservait aux auteurs des incendies par imprudence? Pouvait-on oublier que le droit canonique (3) usait aussi, de temps à autre, de l'admonition, *monitio canonica*, et que, dans notre ancien droit, l'inculpé, renvoyé de la poursuite sans autre châtiment, était, après constatation de la culpabilité, l'objet d'une mercuriale que lui adressait le juge et au sujet de laquelle le Répertoire de Merlin four-

---

(2) La *Severa interlocutio* pouvait être substituée à la peine des verges (*L. 3, de off. præf. vigilum*).

(3) Les canons de l'Église ne considéraient pas la *monitio* comme une véritable pénalité ; elle n'était pas infligée par sentence, mais prononcée à titre d'avertissement.

nit de savants détails (4). On pouvait ajouter que, dans certaines circonstances, au regard des avocats (5), des officiers de police judiciaire, des juges d'instruction (6), nos lois ont organisé une sorte de blâme précédant la peine. Enfin, ne convient-il pas de s'inspirer de l'exemple fourni par les législations allemande, espagnole, portugaise, italienne et russe (7), qui admettent l'admonition ou réprimande ? Sans doute, les admirateurs du pardon, du blâme, ou de l'admonition, sont contraints de reconnaître qu'il n'est pas possible d'attendre, de ces palliatifs, des effets comparables à ceux qui découlent naturellement d'une condamnation avec sursis à l'exécution de la peine. Cependant, l'empire de la tradition et la puissance de l'esprit d'imitation sont tels, qu'à l'heure actuelle, la Commission extra-parlementaire de révision du Code pénal, donne place, dans ses travaux, au principe du pardon pur et simple (8), sans songer qu'avec les mœurs françaises, si promptes à la

---

(4) Répertoire. *Verbo* Blâme.

(5) Article 18 de la loi du 20 novembre 1822, sur la professssion d'avocat.

(6) Article 280 du Code d'instruction criminelle.

(7) Allemagne, Code de 1870, art. 59. — Suisse, cantons de Vaud et d'Appenzel. — Portugal, Code de 1886, art. 26 et 27. — Italie, Code de 1888, art. 26 et 27.

(8) Voici le texte : Chapitre VI, § 1er. *Du pardon*, art. 66. Dans tous les cas où, soit en vertu de la loi pénale, soit par suite de la déclaration de circonstances atténuantes, le juge sera autorisé à n'appliquer qu'une amende, il pourra, si le prévenu n'a pas encore été condamné pour crime ou délit, ne pas prononcer de condamnation. Il avertira le prévenu qu'en cas de nouvelle infraction, il ne devra plus compter sur l'immunité pénale. Le prévenu, absous, sera condamné aux dépens, et, s'il y a lieu, à tous dommages-intérêts au profit de la partie civile.

raillerie, une pareille mesure resterait, dans la plupart des cas, sans effet sur l'inculpé, qui l'accueillerait le sourire aux lèvres, si bien que l'autorité de la justice serait seule atteinte (9).

La mise en probation, introduite d'abord dans le petit Etat de Massachussets, puis ensuite adoptée, avec quelques variantes, dans la Nouvelle-Zélande, en Angleterre et en Australie, est évidemment une institution très supérieure aux diverses modalités du pardon. L'économie de la législation anglo-américaine est la suivante : le juge, après avoir constaté la culpabilité, a la faculté de surseoir au prononcé de la peine, pendant un temps déterminé, à l'expiration duquel les poursuites seront définitivement abandonnées, si l'inculpé n'a encouru aucun reproche ; au cas contraire, la peine sera prononcée et subie. Mais le côté original et vraiment intéressant de l'institution, c'est que, pendant le délai d'épreuve, le délinquant est, en quelque sorte, mis en tutelle et confié à la garde d'un magistrat, appelé *probation officer*, à qui incombe le devoir de venir en aide à son protégé, de lui chercher un travail utile, de le visiter dans son domicile, en un mot de ne ménager ni son temps ni sa peine, afin d'entretenir chez lui une excitation généreuse à tenir désormais une vie sobre, laborieuse et digne (10). Mais ce qui séduit surtout les fervents de la pratique anglo-américaine, c'est que, sous l'empire de ce système, le délinquant, n'étant point encore condamné, est exposé, durant la période d'épreuve, à se voir frappé d'une peine dont il ne peut prévoir le *quantum* et se trouve ainsi en proie

(9) M. Rivière. *Sur l'admonition répressive.* (*Bulletin de la Société générale des Prisons*, année 1888, page 156.)

(10) La loi anglaise est le *Probation of first offenders act* du 8 août 1887.

à l'appréhension angoissante, attachée à l'incertitude sur la mesure du châtiment. « Le mal incertain, dit-on, est tou-« jours plus grand que celui à la probabilité duquel l'individu « s'accoutume, calui-ci se familiarisant insensiblement, au « cours du temps, avec l'éventualité de la survenance du mal « dont l'étendue est connue. » (11) La conclusion est qu'en ne prononçant aucune peine et en se bornant à déclarer le principe de la culpabilité, le juge ferait planer une menace d'un effet d'autant plus efficace, au point de vue de l'amélioration du délinquant, qu'elle laisserait ce dernier dans la terrifiante ignorance de ce que pourrait être le châtiment, s'il devenait un jour nécessaire d'en appliquer un.

Tout cela est bien subtil et le fait qui prime ces considérations psychologiques, c'est que, pendant les premières années de l'application à Londres du *probation of first offenders act*, les rechutes ont été beaucoup plus nombreuses que celles constatées dans le régime français (12). Puis, vraiment, les inconvénients de cette institution sont trop apparents, car, au cas de nouvelle faute, l'inculpé devra reparaître devant un Tribunal, souvent composé tout différemment, qui, en tout cas, pourra ne pas se souvenir de la peine dont il aurait fait application peut-être plusieurs années auparavant, et qui statuera à une époque où les preuves de la première infraction peuvent être dispersées et les témoignages affaiblis.

En résumé, en 1884, deux théories étaient en présence,

---

(11) Worms. *Les condamnations conditionnelles*, page 21.

(12) 70 0/0 seulement des inculpés mis en liberté à Londres auraient justifié la mesure. (Worms. *Les condamnations conditionnelles*, page 23.) Les rechutes se sont donc élevées à 30 0/0, chiffre qu'elles n'ont jamais atteint en France.

dans les diverses législations qui avaient compris que l'intérêt de la Société et des individus devait conduire à traiter une première faute avec une indulgente pitié et non avec une inflexible rigueur. L'un de ces systèmes faisait du pardon, soit isolé, soit escorté d'admonition, de blâme ou de réprimande, une sorte d'avis préalable à la peine ; l'autre, comportait la suspension du jugement pour un temps indéterminé. Placé en face de ce double courant d'idées, M. le sénateur Bérenger eut l'immense mérite de découvrir, par une sorte d'intuition géniale (13), une voie nouvelle qui devait conduire, avec une impeccable précision, au double but à atteindre, en permettant de donner satisfaction aux exigences de la sécurité sociale, sans faire obstacle à la régénération des coupables. Ainsi il créait, selon sa propre expression, *un système ayant un caractère bien français*, qui, tout en constatant le délit, suspendait l'exécution de la peine (14).

L'institution du sursis conditionnel fonctionne en France depuis sept années et son éloge n'est plus à faire ; il suffit, du reste, d'ouvrir les statistiques publiées par la Chancellerie pour se convaincre que jamais notre système pénal n'a été doté d'une loi meilleure. C'est à elle, comme le pro-

---

(13) Bartolle indique qu'au XIVe siècle, la condamnation conditionnelle était pratiquée par les Tribunaux ecclésiastiques. Mais ce n'était qu'une pratique ; voy. Georges, *Du sursis conditionnel*, p. 119. — Il paraît, également, ainsi qu'en justifient deux jugements de 1712 et de 1713, que la vieille pratique hongroise connaissait déjà le système de la remise conditionnelle des peines. (Voir le *Bulletin de la Société générale des Prisons*, année 1892, p. 23 et suiv.) Mais ces pratiques isolées ont été découvertes longtemps après le dépôt de la proposition de loi de M. Bérenger.

(14) *Bulletin de la Société générale des Prisons*, année 1888, p. 145.

clamait récemment M. Tarde, en s'inspirant du rapport officiel de 1895, que nous devons l'arrêt et même le recul du flot montant de la récidive qui semblait devoir être irrésistible (15). Son effet régénérateur a été complet et le petit nombre des rechutes, constatées chez les condamnés auxquels elle a été appliquée, met en pleine lumière son éclatante puissance d'amendement.

Il semble donc que la proposition de M. Bérenger, véritable trouvaille juridique, aurait dû être adoptée par les pouvoirs publics au lendemain de sa présentation. Hélas ! il n'en fut rien, et d'abord la procédure parlementaire, dont on sait la marche prudente, ne comporte pas une pareille célérité. Puis, à notre époque, l'esprit français s'est fait une loi d'attendre, avant d'accueillir les idées et les découvertes nées sur le sol de la patrie, qu'elles aient été adoptées par les nations étrangères et il est entendu que les meilleures choses n'ont de saveur qu'à ce prix. Et voilà comment, au dépôt de la proposition du 26 mai 1884, a succédé une période d'incubation de près de sept années qui, peut-être, eût été plus longue si la Belgique ne se fût pas approprié les principes émis par M. Bérenger et n'eût pas introduit, le 31 mai 1888, la condamnation conditionnelle dans son système pénal (16). Au surplus, l'expérience pratiquée à nos portes, bien que féconde en heureux résultats, fut même pendant quelque temps impuissante à lever chez nous

---

(15) Préface de M. Tarde à l'*Individualisation de la peine*, par M. Saleilles, professeur à la Faculté de droit de Paris, 1898.

(16) La section allemande de l'Union internationale de droit pénal dans une réunion tenue à Halle, en mars 1890, avait également admis le principe du sursis conditionnel. (*Bulletin de l'Union internationale*, t. I, page 155.)

toutes les objections. Sans doute, à l'heure présente, la loi
de sursis est si profondément entrée dans les mœurs et
répond si parfaitement aux idées de justice et d'humanité
qu'on est aisément porté à croire qu'elle a dû prendre place
sans difficulté dans nos codes. La vérité est qu'il fallut toute
l'énergie et l'ardeur généreuse de son auteur pour triompher
des obstacles semés à plaisir sur sa route. Au sein de la
Société générale des prisons, la proposition était repoussée
par des hommes de la plus haute valeur, tels que MM. Petit,
Lacointa, Cresson, Flandin, et, un jour même, M. Bérenger
ne put se défendre de manifester la surprise qu'il en
éprouvait (17).

Au Sénat, l'accueil n'était guère plus favorable et, tandis
que M. Demôle exprimait ses doutes sur l'efficacité des
conséquences de la loi (18), M. le sénateur de l'Angle-
Beaumanoir poursuivait celle-ci des plus mordantes raille-
ries. Selon lui « la doctrine de M. Bérenger peut se ramener
« à cette définition : Tout citoyen, pourvu qu'il soit hono-
« rable, passablement entraîné ou en proie à une irrésis-
« tible passion, peut se passer la fantaisie d'un premier délit
« ou d'un premier crime, s'il considère que cela lui est
« utile ou agréable. » Et il ajoutait : « Tout coquin en
« perspective se verrait, après son crime accompli, recevant
« les consolations empressées du juge sentimental, du juge
« aux cinq ans de sursis, du juge amnistiant, fournisseur
« de casiers judiciaires lessivés et désinfectés. L'austère
« image de la justice, dépouillée de son glaive embléma-
« tique, lui apparaîtrait..... sous les traits d'une aimable

---

(17) *Bulletin de la Société générale des Prisons*, 1890, p. 717 et suiv.

(18) *Journal Officiel.* — Débats parlementaires. Sénat. N° du 4 juin
1890, p. 530.

« personne, distribuant, de loin en loin, de légers coups
« d'éventail sur les doigts des gens trop entreprenants (19). »

Délicieux portrait, paré des plus brillantes couleurs et
brossé de main de maître, mais qu'il est permis de ne point
trouver très ressemblant, car, en vérité, depuis que les
magistrats appliquent des condamnations conditionnelles,
ils ne paraissent pas du tout avoir pris ces allures de grande
coquette, tant redoutées par M. de l'Angle-Beaumanoir.

Les criminalistes ne se montrèrent point non plus très
tendres pour la loi de sursis et, au Congrès pénitentiaire de
Saint-Pétersbourg, tenu au mois de juin 1890, l'un des
Présidents de section, M. Pols, professeur à l'Université
d'Utrecht, fit pencher la balance du côté des opposants et
donna le spectacle piquant d'un Hollandais combattant une
proposition d'origine française avec des vers de Scarron.
Rappelant le passage si connu :

> Là je vis l'ombre d'un laquais
> Armé de l'ombre d'une brosse
> Qui frottait l'ombre d'un carrosse,

il soutint qu'avec la condamnation suspensive on n'aurait
plus que l'ombre d'un magistrat, appliquant l'ombre d'une
peine, à l'ombre d'un délinquant (20). L'argument fut jugé
sans réplique par le Congrès qui rejeta le principe de la
condamnation conditionnelle pour les crimes et les délits
et l'admit seulement pour les contraventions (21).

----

(19) *Journal Officiel.* Débats parlementaires. Sénat. N° du 4 juin 1890.
pages 522 et suiv.

(20) *Bulletin de la Société générale des Prisons,* année 1890, page 893.

(21) M. Van Swinderen écrivait en 1891, dans son *Esquisse du
droit pénal actuel dans les Pays-Bas et à l'étranger* : « Une condamna-

Cependant, comme la raison et le bon sens finissent toujours par avoir leur tour, le 26 mars 1891, la proposition de M. Bérenger entrait définitivement dans notre législation pénale, sous le titre de *loi relative à l'atténuation et à l'aggravation des peines*. Mais la voix publique ne tardait pas à lui donner un autre nom et, par un légitime hommage, elle l'a appelée *loi Bérenger* décernant, ainsi, au jurisconsulte éminent qui en était l'auteur, la plus rare et la plus enviable des récompenses. Jamais loi ne fut plus rapidement connue et ne pénétra plus avant dans la conscience populaire, étrangère d'habitude aux subtilités de la législation, et il ne s'en faut point étonner, car son économie, en même temps simple et logique, a l'heureuse fortune de concilier à la fois l'intérêt public et celui privé, la justice sociale et la miséricordieuse bonté. Sauver l'homme qui en est à sa première faute, le délinquant primaire, l'amender, pour qu'il ne retombe pas de nouveau, le relever, non seulement par pitié pour lui, mais surtout en vue de l'ordre social menacé par la gangrène de la récidive, tel est le double but qui a été poursuivi et victorieusement atteint.

Mais, tout en constatant la haute portée humanitaire et bienfaisante de la loi de sursis, il faut envisager celle-ci sous son véritable jour, et on se leurrerait étrangement en la supposant faite principalement pour procurer l'amendement des condamnés. Si elle conduit à cette fin, c'est par l'enchaînement des causes et des effets, parce qu'il fallait passer par là pour enrayer l'accroissement progressif de la criminalité.

---

tion conditionnelle a trouvé de nombreux défenseurs dans ces derniers temps. Toutefois, elle ne saurait être admise parce qu'elle ne tient pas compte du caractère de la peine et qu'elle fait de l'audience judiciaire une pure comédie. » Tome Ier, page 307.

2

dont la principale source est la récidive. C'est le sens et l'esprit de la loi. La récidive, voilà le mal qu'on s'est proposé de guérir, la plaie qu'on a tenté de cicatriser avec juste raison, car les statistiques révèlent que, si le nombre des poursuites criminelles ou correctionnelles a presque triplé depuis cinquante ans, elle est la cause unique de cette aggravation terrifiante (22). Il est devenu inutile d'insister sur l'évidence de cette vérité et, sans être trop paradoxal, on pourrait poser en thèse que le premier délit commis par un débutant est à peu près indifférent à l'ordre social, pour lequel le danger naît seulement à partir de la seconde infraction perpétrée par le même individu. La loi Bérenger est donc seulement un épisode de la lutte engagée depuis plusieurs années contre le redoutable fléau et, comme le disait très justement M. Barthou, dans son rapport à la Chambre des députés (23), elle renferme deux séries de dispositions, « inspirées par la même préoccupation, pour-« suivant le même objet, arrêter le mouvement toujours « croissant de la récidive. » Jusqu'alors, tout avait été vainement tenté dans ce but; chaque nouvel effort avait été suivi d'un échec lamentable et on avait pu assister à la complète banqueroute de la rélégation, de l'emprisonnement cellulaire et de la libération conditionnelle. La raison de ces insuccès était entière dans la persistance du législateur à ne pas voir le véritable siège de la maladie, à ne pas la traiter dans sa cause originaire, la prison, dont l'effet actuel le plus certain est d'organiser une désastreuse promiscuité entre l'homme condamné pour la première fois et les pires récidivistes, empressés à se constituer les professeurs des nou-

---

(22) Bregeault. *La loi du 26 mars* 1891. *Lois nouvelles*, 1891, p. 297.
(23) Séance du 3 mars 1891.

velles recrues. Il est clair que le délinquant primaire, envoyé à l’école du crime, doit fatalement en revenir un criminel endurci et le contraire seulement pourrait causer quelque surprise. Un inspecteur général des prisons a pu dire : « Avec notre système pénitentiaire, vingt- « quatre heures de prison suffisent dans certaines circons- « tances pour perdre une existence (24). » La prison, même celle subie en cellule, lorsqu’elle frappe un individu chez lequel tout sentiment de l’honneur n’est pas éteint, désarme son courage, brise en lui le ressort moral, l’avilit à ses propres yeux et surtout le disqualifie à ceux du public, car un libéré est toujours un suspect. *Il n’y a pas témérité à dire*, écrivait M. Barthou, *que la prison corrompt le condamné plus qu’elle ne le corrige et qu’elle ne l’amende* (25) et on a pu l’appeler : *le bouillon de culture de la criminalité* (26). De l’aveu de tous les criminalistes, le relèvement moral est devenu presque impossible à celui qui, une fois dans sa vie, a subi l’emprisonnement, et cette constatation implique impérieusement la nécessité de frapper seulement d’une pareille peine les individus irrémédiablement pervertis. Or, à moins de circonstances exceptionnelles, il serait souverai- nement injuste de considérer le délinquant primaire comme un incorrigible, car une faute isolée ne saurait donner la mesure de son naturel. Donc, pour celui-ci, pas de prison, mais une condamnation concrète, suspendue par la condi- tion d’une conduite postérieure parfaite, à laquelle il sera sollicité par la double espérance d’une exemption définitive de la peine et d’une réhabilitation de droit. La crainte et

---

(24) M. de Laloue. Voir André. *La récidive*, page 18.
(25) Rapport à la Chambre. Séance du 3 mars 1891.
(26) M. Lacassagne.

l'intérêt sont de puissants moteurs des actions humaines et, en faisant appel à eux, sans s'attarder aux illusions sentimentales, l'auteur de la loi de 1891 a eu une claire vision des choses. Mais il ne faut pas perdre de vue que le relèvement des condamnés était recherché, non pour lui-même, mais à raison de son action réflexe sur la diminution de la criminalité, dont il s'agissait d'arrêter le développement pour la sauvegarde exclusive de l'ordre social. Les divers travaux préparatoires dénotent une préoccupation dominante, la volonté de protéger, contre l'accroissement des délits et des crimes, l'Etat menacé dans tous ses intérêts, même dans ses ressources financières, par suite de l'augmentation des charges du service pénitentiaire (27). Ainsi, l'objectif primordial de la loi Bérenger, c'est la récidive dont il importe à tout prix d'arrêter l'extension qui menace la Société moderne dans ses œuvres vives; il en ressort qu'en appliquant le bénéfice du sursis, le Magistrat se constitue, avant tout, le protecteur de l'intérêt général et que si sa sentence se trouve, par aventure, être favorable au condamné, c'est ensuite d'une nécessité au moins reléguée au second plan et par l'effet d'un simple ricochet. Le bénéfice du sursis conditionnel à l'exécution de la peine, ce n'est pas à l'inculpé, c'est à la Société qu'il est en réalité accordé, car il a été créé spécialement pour la défendre

---

(27) En 1886, MM. Reybert, Gagneur, Bourgeois, déposaient une proposition de loi copiée sur celle de M. Bérenger, où on lit que si elle était adoptée « les intérêts financiers de l'Etat seraient sauvegardés dans une large proportion ». Le rapport de M. Bourgeois sur cette proposition débute en constatant que « tous les Gouvernements s'émeuvent de l'accroissement des délits et des crimes et se préoccupent des moyens de le combattre. » (*Bulletin de la Société générale des Prisons,* année 1886, page 1091).

contre les troublantes menaces en germe dans la progression ascendante de la récidive.

Ce caractère particulier de la loi du 26 mars 1891, bien qu'il ne soit pas sérieusement discutable, est souvent méconnu dans la pratique et c'est, sans doute, une des causes de l'hésitation apportée par certaines juridictions répressives à faire usage de leur nouveau pouvoir.

Car il ne faut point s'y tromper, la loi de sursis est fort éloignée d'être autant en faveur qu'elle mériterait de l'être et les rapports annuels de la Chancellerie témoignent qu'elle est appliquée assez parcimonieusement aux délinquants primaires, tandis qu'elle devrait presque être, pour eux, la règle générale.

Cette froideur du juge pénal, pour une législation faite cependant de justice et de bonté, ne se manifeste pas seulement chez nous, mais aussi, ce qui est une mince consolation, chez les nations voisines qui ont adopté le sursis à l'exécution de la peine ou à la condamnation. Le rapport des commissaires des prisons anglaises, pour 1891, constate que certains Tribunaux se refusent avec obstination à substituer la suspension de la condamnation à la condamnation à l'emprisonnement (28). M. Alfred Gauthier, professeur de Droit à Genève, ville où fonctionne le sursis à l'exécution de la peine, déclare (29) qu'il y a des juges systématiquement hostiles à la condamnation conditionnelle et que le nombre en est grand. Mais ce qui se passe devant les Tribunaux étrangers ne saurait expliquer pourquoi le sursis

---

(28) *Bulletin de la Société générale des Prisons*, année 1892, page 689.

(29) *Bulletin de l'Union internationale de Droit pénal*, 1896, page 27. Note sur le sursis à l'exécution, d'après quelques lois et projets récents, par A. Gauthier.

n'est pas dispensé plus libéralement par les magistrats français, affranchis des traditions répressives du passé et actuellement si profondément pénétrés de sentiments d'indulgence et de pitié pour l'humaine faiblesse. Certes, nous sommes heureusement loin du temps où Chamfort pouvait écrire : « Les magistrats chargés de veiller sur l'ordre public, tels « que le lieutenant criminel, le lieutenant civil et tant « d'autres, finissent presque toujours par avoir une opinion « horrible de la Société. Ils croient connaître les hommes « et n'en connaissent que le rebut..... La plupart de ces « magistrats me rappellent toujours le collège où les correc- « teurs ont une cabane auprès des commodités et n'en « sortent que pour donner le fouet. » C'est sans doute à des descendants de ces juges inexorables de l'ancien régime qu'on doit attribuer la paternité des observations présentées, en l'an XIII, par les Cours et Tribunaux, sur le projet de législation pénale préparé sous le Consulat et d'où devait sortir le Code de 1810. La majorité des juridictions consultées trouva opportun de demander le retour à l'ancien droit criminel, c'est-à-dire à des peines inhumaines et barbares dont l'indignation publique avait fait justice (30). Les magistrats, à notre époque, sont imbus d'un esprit autrement élevé et ils savent que, selon la maxime posée par Montesquieu, si la sévérité des peines convient mieux au Gouvernement despotique, dont le principe est la terreur, elle n'est pas faite pour un régime de liberté (31).

Mais si ce n'est pas à des tendances répressives, issues

---

(30) Voir *Observations des Tribunaux d'appel sur le projet du Code criminel*, 4 vol., an XIII.

(31) *Esprit des lois*, livre VI, chapitre IX. De la sévérité des peines dans les divers Gouvernements.

d'habitude professionnelles, qu'on doit attribuer la mé-
diocre sympathie des magistrats pour la loi de sursis, à
quelles causes faut-il en imputer la responsabilité ? Une
pareille recherche conduit à examiner le mérite des objections formulées contre cette loi.

Une d'elles repose sur une confusion évidente. A en croire
un distingué criminaliste, « la faculté de sursis, accordée
« aux juges, les appellerait à statuer sur l'exécution de la
« sentence, tandis que cette exécution est confiée par nos
« lois à une autorité distincte de celle des Tribunaux, aux
« officiers du Parquet (32). » Sans doute, le Ministère public
est chargé de faire sortir effet aux décisions rendues en
matière pénale et portant condamnation ; mais s'il accorde
un délai au condamné, il ne peut le dispenser de subir tôt
ou tard sa peine. Au contraire, le juge, après avoir appli-
qué la loi Bérenger, n'aura jamais à requérir, au cas de
rechute, l'incarcération du coupable qui sera libéré de toute
peine, s'il réussit à s'amender.

On a dit également que la décision de sursis constituait
une véritable grâce conditionnelle et qu'elle empiétait ainsi
sur la faculté exclusivement réservée au Chef de l'Etat par
la Constitution. En vérité, plutôt que de s'en prendre à une
loi équitable et bonne, les admirateurs passionnés du
droit de grâce rempliraient une tâche plus urgente en s'appliquant à défendre cette prérogative, suprême et bizarre
legs des temps où l'absolutisme s'élevait au-dessus des lois
et des décisions de justice.

Une objection plus pressante est tirée de la nature de la
condamnation conditionnelle, à laquelle on fait le reproche

---

(32) M. Lacointa, *Bulletin de la Société générale des Prisons.* Séance du
22 février 1888.

d'être purement platonique et de ne pas comporter une
véritable peine inflictive et exemplaire. Le grief aurait une
sérieuse valeur, s'il était fondé, car il n'est pas douteux que
le premier effet qu'on doive exiger de la peine est de porter
en elle-même un enseignement pour tous les citoyens, en
leur inspirant la crainte d'un châtiment identique, afin de
les détourner de l'action ou de l'inaction réprimée. Le fait
punissable, aussitôt accompli, prend place dans l'irrémé-
diable passé, et, si la Société le frappe, c'est surtout pour
qu'il ne se renouvelle pas. Donc, elle doit le réprimer avec
une sévérité de nature à faire la plus vive impression sur
les individus qui seraient tentés d'imiter l'auteur de l'infraction (33).

Ces principes sont certains, mais il est non moins évident
que la loi de sursis ne leur porte pas atteinte. Le jugement
qui l'applique n'est pas une manifestation purement spé-
culative, car loin d'équivaloir à un acquittement sous clause
résolutoire, il renferme, au contraire, une condamnation
avec clause suspensive, quant à l'exécution (34). Au regard
de l'opinion, le bénéficiaire du sursis est moralement frappé,
et la flétrissure qui en résulte est d'autant plus douloureuse
à subir, qu'elle s'attache non point à un être blasé, insen-
sible à l'opprobre, mais à un homme auparavant irréprochable et jusqu'alors gardien scrupuleux de son honneur.
Puis, n'est-ce pas un châtiment que la contrainte sévère
imposée pendant le délai d'épreuve, dont le cours doit

---

(33) C'est ce que dit Sénèque : *Nam, ut Plato ait, nemo prudens
punit quia peccatum est, sed ne peccetur ; revocari enim præterita non pos-
sunt ; futura prohibentur... nec unquam ad præteritum sed ad futurum
pœna refertur.*

(34) Arrêt de Chambéry, 11 juin 1891, Dalloz pér. 1891, 2, 297.

paraître d'une longueur terriblement angoissante au condamné conditionnel, hanté par la pensée qu'un délit minime,
peut-être dû à l'imprudence, suffirait pour réveiller des
rigueurs assoupies et pour faire de lui un récidiviste à tout
jamais perdu ? Assurément, une peine peut être inflictive
sans être corporelle. « Dans les gouvernements modérés »
a dit l'auteur de l'*Esprit des lois*, « tout pour un bon légis-
« lateur peut servir à former des peines... En un mot,
« tout ce que la loi appelle une peine est effectivement une
« peine (35). »

Une autre grande faute du régime du sursis serait,
paraît-il, d'être purement utilitaire et de sacrifier les principes supérieurs de justice et d'expiation à l'intérêt commun de la défense sociale et de l'amendement du condamné. Peu importe, a-t-on dit, qu'une peine ait pour effet
de sauvegarder la communauté et l'individu ! Elle doit
encore et surtout donner satisfaction aux légitimes exigences
de la morale outragée, qui veut impérieusement que la
violation de ses préceptes immuables soit toujours suivie
de châtiments rigoureux et réparateurs. Et on objecte que
la condamnation conditionnelle ne répond nullement à
cette nécessité. En somme, c'est l'éternelle discussion sur
le fondement de la peine qu'on ouvre de nouveau, en res-
suscitant les doctrines de Kant et de Rossi. Au vrai, la
matière est trop épuisée pour qu'on puisse compter y faire
quelque découverte. Peut-être suffirait-il d'observer que
la doctrine utilitaire, pour laquelle le but sérieux et certain de la peine est de protéger la Société, se trouve être
précisément celle de notre Code pénal, en sorte qu'elle

____

(35) *Esprit des lois*, liv. VI, chap. IX. De la sévérité des peines
dans les divers gouvernements.

mérite bien quelques égards (36). Puis le juge, si consciencieux, si éclairé qu'il soit, peut-il sincèrement prétendre à s'ériger en protecteur efficace de la morale, dont il n'est pas très prudent, du reste, de proclamer l'immutabilité, ses règles ayant varié selon les temps et les pays ? Les lois de cet ordre relèvent de la conscience et rentrent dans un domaine étranger à celui de la justice humaine, impuissante à déterminer, par les moyens imparfaits dont elle dispose, la perversité intime des coupables, le degré précis de leur responsabilité morale, la force de résistance que leur éducation ou leur naturel leur permettaient d'opposer aux entraînements subis. Nul ne peut se flatter de lire dans les âmes et il faut renoncer à d'aussi orgueilleuses visées (37).

---

(36) Dans les observations de Target, placées en tête du Code criminel on lit : « C'est la nécessité de la peine qui la rend légitime ; qu'un coupable souffre, ce n'est pas le dernier but de la loi ; mais que les crimes soient prévenus, voilà ce qui est d'une haute importance. Après le plus détestable forfait, s'il pouvait être sûr qu'aucun crime ne fût désormais à craindre, la punition du dernier coupable serait une barbarie sans fruit et l'on ose dire qu'elle passerait le pouvoir de la loi. La gravité des crimes se mesure donc non pas tant sur la perversité qu'ils annoncent que sur les dangers qu'ils entraînent. L'efficacité de la peine se mesure moins sur sa rigueur que sur la crainte qu'elle inspire. » C'est la doctrine de Bentham (Locré, t. XXIX, p. 8). Montesquieu a exprimé la même idée sous une forme plus concise. « Toute peine qui ne dérive pas de la nécessité est tyrannique. » (*Esprit des lois*, liv. XIX, chap. XIV.)

(37) On a éclaté « en plaisanteries variées sur ce pauvre juge qui, « sa balance à la main, après quelques minutes d'examen, a la pré« tention d'établir une proportion exacte entre le crime et l'expiation ; « il faut plus de temps que cela pour peser la moralité d'un homme et « au besoin même la moralité d'un fait, et si l'on veut, à tout prix, « admettre l'expiation et le symbole de la balance, il faut un long et

« Au seuil du xxᵉ siècle, en présence des conquêtes
« modernes de la science positive et sous le souffle tout
« puissant de l'esprit humanitaire d'aujourd'hui, peut-on
« soutenir sérieusement que la peine soit un châtiment,
« une expiation ? Est-il permis encore de douter que la
« peine n'est pas autre chose qu'un simple moyen de
« défense sociale *une arme forgée par la collectivité pour lutter*
« *contre le crime* », comme l'a définie dans son style
imagé (38), un des plus éminents professeurs (39) de
l'Université lyonnaise. Au point de vue moral, tout ce
qu'on peut exiger de la peine est qu'elle soit « expressive
d'un blâme public et précis (40) » réclamé par la conscience
commune et de nature à la satisfaire (41). Mais « la science
« pénale dans ses tendances théoriques, souvent hardies,
« toujours généreuses, cherche à substituer de plus en plus
« l'idée d'amendement, de cure morale, à celle d'expiation
« du mal commis (42) ». L'objectif est la protection

« scrupuleux examen pour constater l'exactitude de la peine ; laissons
« au moyen âge les idées de justice distributive et les images symbo-
« liques. » Vanier. *Pour ou contre les peines indéterminées. (Bulletin de
la Société générale des Prisons,* 1893.)

(38) Voir l'article de M. Vold Prjevalsky, professeur à l'Université
de Moscou. *Bulletin de la Société générale des Prisons,* année 1897, p. 181,

(39) M. Garraud, *Le problème moderne de la pénalité.*

(40) Tarde, *Considérations sur l'indétermination des peines. (Bulletin de
la Société générale des prisons,* année 1893, p. 750.)

(41) Rivière, *Du rôle de l'individualisation dans l'exécution des peines.
(Bulletin de la Société générale des Prisons,* 1897, p. 1043.)

(42) On a été jusqu'à soutenir que le juge, en n'infligeant pas une
peine expiatoire, péchait contre la probité et ne payait pas au coupable son dû, car on ne saurait, sans faillir, refuser aux gens ce qu'on
sait leur devoir. Or, a-t-on dit, ne pas punir un malfaiteur, c'est lui
faire tort et le priver méchamment du droit qu'il a d'expier sa faute. La

efficace de la collectivité, mais ce n'est plus l'exercice de représailles, d'où il suit que la peine doit être, selon le caractère de l'agent de l'infraction, un moyen de préservation sociale ou de relèvement individuel. On divise en effet très justement les criminels en deux grands groupes, les malfaiteurs d'habitude, incorrigibles, qu'on ne saurait retirer de la boue où ils sont enlisés, et les malfaiteurs d'occasion, encore susceptibles d'amendement. La peine devra rendre le premier groupe inoffensif, en mettant la Société à l'abri de ses atteintes ; au second, il suffira qu'elle inspire la crainte, qu'elle l'intimide, l'avertisse et surtout le régénère (43). Seule dans notre législation pénale la loi Bérenger a su, dans ses deux propositions, résoudre ce difficile problème.

Enfin, on s'est récrié contre un des résultats provoqués par cette loi qui concède, après l'expiration du délai d'épreuve, la réhabilitation de plein droit au bénéficiaire du sursis. Quelle excessive générosité, dit-on, quelle imprudence et quelle source de scandales ! C'est folie pure de n'exiger aucune garantie du condamné ! « Comme preuve

---

justice est de rendre à chacun ce qui lui est dû, en quoi elle est auguste. Elle est donc contrainte d'appliquer une peine au condamné qui en est légitimement créancier. — La thèse, on le voit, ne manque pas de saveur.

(43) La distinction fondamentale des criminels en deux groupes a été développée par l'illustre professeur de l'Université viennoise, M. de Wahlberg. M. Von Liszt, dans son ouvrage sur l'*Idée du but dans le droit pénal*, subdivise la première catégorie en deux parties, les malfaiteurs d'habitude incorrigibles et les malfaiteurs d'habitude susceptibles d'amendement. La peine devrait alors corriger les seconds, par exemple en facilitant l'œuvre des Sociétés de patronage. (Voir Hamel, *Bulletin de la Société générale des Prisons*, 1887, page 410.)

« de son relèvement moral, écrivait un très distingué magis-
« trat, on sait qu'il n'a pas subi une nouvelle condamnation
« à l'emprisonnement pour délit de droit commun. Peut-
« être a-t-il été une cause permanente de scandale par ses
« mœurs, par son intempérance ; peut-être a-t-il accumulé
« ces menus méfaits qui ne rendent passible que de l'amende
« ou des peines de simple police... Il n'a acquitté ni les frais
« ni les dommages-intérêts. Et cependant à cet homme
« on accorde tout ce qu'obtient celui qui a justifié, sous le
« contrôle le plus rigoureux, d'une conduite irréprochable
« et qui, peut-être, au prix de douloureuses privations, a
« réparé intégralement envers l'Etat et envers la partie lésée
« les conséquences de sa faute (44). »

Ces considérations sont d'une frappante justesse, et, à
n'en pas douter, sous l'empire de la législation actuelle,
régissant la réhabilitation et le casier judiciaire, il est certainement choquant de rétablir d'office, *en sa bonne fame
et renommée*, suivant l'expression ançienne, le bénéficiaire
du sursis et, d'autre part, d'astreindre les condamnés ordinaires, quel que soit le temps écoulé depuis leur faute, à
subir l'examen sévère des titres allégués pour l'obtention
d'une pareille faveur. Mais, en y regardant de près, on
s'aperçoit aisément que l'antinomie, ainsi mise en relief,
découle du régime de la réhabilitation et du casier judiciaire, plutôt que de la loi Bérenger. Ce qui est anormal, ce

---

(44) M. Bernard, actuellement président à la Cour de Dijon, *La loi
du pardon*. Cette étude remarquable donnée comme discours de rentrée,
a la fortune, amplement justifiée, d'être citée par tous les commenta-
teurs de la loi de sursis.

Voir dans le même sens Treppoz, *Etude théorique et pratique sur les
condamnations conditionnelles*, page 108.

n'est pas que le bénéficiaire du sursis soit spontanément relevé des conséquences de la peine, quand le temps d'épreuve est écoulé, c'est de voir que les autres condamnés, au bout de longues années d'une vie irréprochable, conservent jusqu'à l'heure dernière, la tache ineffaçable de leur crime. Dans les diverses branches du droit, le principe de la prescription occupe une place assurée, et les domaines où il n'exerce pas son empire sont singulièrement restreints. En matière pénale, l'exercice de l'action publique, la peine elle-même se prescrivent, et, par une inexplicable dérogation à l'axiome *accessorium sequitur principale*, le cours du temps n'efface pas les effets accessoires et secondaires de cette peine (45). Voilà où réside l'anomalie réelle que le législateur de 1891, précurseur sur ce point, comme sur d'autres, a eu le grand honneur de rendre évidente et tangible. L'exemple, donné par la loi de sursis, a rendu plus claire et plus pressante la nécessité d'admettre, de plein droit, au bénéfice de la réhabilitation, tout individu qui, après avoir exécuté une condamnation unique, n'en a pas encouru de nouvelle pendant un certain délai ; celui-là du reste, présente les plus sérieuses garanties d'amendement, car, ayant passé par la prison, il a eu le rare mérite d'en surmonter les redoutables dangers. En ce cas, il se produirait une réhabilitation *automatique* et l'épithète n'a rien de fâcheux, puisqu'il est de l'essence même des prescriptions d'opérer automatiquement. Aussi la Commission du Sénat, en ce moment saisie de la réforme du casier judiciaire, a

---

(45) Le Parlement a déjà fait un pas dans la théorie qui admet la prescription comme moyen extinctif des conséquences des peines et la loi du 12 mars 1898 autorise la réhabilitation des condamnés qui ont prescrit contre l'exécution de la peine.

décidé qu'après un délai de sept ans, pour les peines uniques, inférieures à deux années d'emprisonnement, et de douze ans, pour les condamnations plus graves, il y aurait prescription de mentions au casier. Cette mesure laisserait encore subsister les incapacités résultant de la condamnation. Mais une proposition nouvelle, consistant à accorder la réhabilitation de droit après un temps d'épreuve déterminé, a été tour à tour acceptée et rejetée par la Commission du Sénat, adoptée par la Chancellerie, et, le 18 mai dernier, M. Bérenger annonçait qu'elle serait reprise par voie d'amendement. Si elle aboutit, comme il faut ardemment l'espérer, c'est la loi de sursis qui aura indirectement conduit à réaliser cet acte de justice (46).

Voilà donc ce que valent les objections élevées contre la condamnation conditionnelle. D'ailleurs, lorsqu'on entre assez avant dans la pratique des choses judiciaires, on découvre sans effort que ces griefs exercent d'ordinaire une faible action sur l'esprit du juge, qui refuse le sursis. Celui-ci se détermine, en général, par d'autres raisons. S'il puise

---

(46) Dans sa lumineuse étude, M. Bernard, bien que désapprouvant le principe de la réhabilitation expresse, consacré en faveur des bénéficiaires du sursis, pensait qu'on pourrait accorder, sous certaines conditions, la réhabilitation de plein droit aux condamnés ordinaires, n'ayant pas encouru de nouvelle peine pendant le délai qui aurait suffi à purger la condamnation s'ils avaient obtenu le sursis, c'est-à-dire, en l'état, pendant le délai de cinq ans. En revanche, la Commission extra-parlementaire, constituée en 1887 pour préparer la réforme du Code pénal, se montre obstinément hostile à la réhabilitation de plein droit, même pour les condamnés avec sursis (*Bulletin de la Société générale des prisons*, année 1893, p. 200). Son projet, sur ce point et sur d'autres, ne pèche ni par libéralisme, ni par générosité. Voir le discours de M. Bérenger du 18 mai 1898, à la Société des prisons sur cette question de réhabilitation automatique. (*Bulletin de la Société générale des prisons*, 1898.)

les motifs de sa rigueur dans une conviction justifiée qu'il n'y a point à espérer l'amendement de l'inculpé, dont l'inconduite est notoire, on ne saurait le critiquer, puisque le but de la peine, quand elle ne peut plus procurer la régénération, doit être de mettre les incorrigibles hors d'état de nuire. Mais, trop souvent, la juridiction pénale, appelée à statuer sur des individus dont l'existence antérieure a cependant été irréprochable, ne leur accorde point le pardon conditionnel, simplement à raison de la gravité de l'infraction, et, par une sorte de transaction, prononce une peine ferme, réduite à une courte durée, par faveur pour le passé des coupables. Il faut proclamer sans hésiter que ce mode d'application de la loi pénale renferme une double et grave erreur, car si les courtes peines sont toujours une mauvaise chose, surtout appliquées à des délinquants primaires, plus déplorables encore sont les condamnations motivées principalement par des considérations tirées de l'acte incriminé, c'est-à-dire de l'élément *objectif* du délit. C'est le caractère, la nature, les instincts de l'inculpé, en un mot, c'est le côté *subjectif* qu'il faut envisager, parce que la peine devra être profondément dissemblable suivant que l'auteur de l'infraction sera susceptible d'amendement ou irrémédiablement dévoyé. Dans le premier cas, il faut donner un avertissement à l'agent du délit et faciliter son relèvement moral ; dans le second, au contraire, il suffit de protéger la Société contre un être dangereux et d'ordonner les mesures propres à le rendre inoffensif. En résumé, il est indispensable que la peine soit *individualisée*. Il serait à souhaiter, a-t-on dit excellemment, « que la loi laissât toujours aux Tribunaux la « latitude d'adapter les institutions exclusives, répressives « ou pénitentiaires, qu'elle a devoir d'organiser aux tempé- « raments divers des criminels. L'individualisation de la

« peine est une nécessité qui s'impose dans les Codes
« scientifiques de l'avenir (47). » Précisément dans cet
ordre d'idées, la loi de sursis marque l'aurore d'une ère
nouvelle, sans encourir le reproche d'introduire dans notre
législation une innovation trop hardie, puisqu'elle régit
seulement les condamnations à l'emprisonnement, c'est-à-
dire celles motivées par des actes d'une gravité secondaire.

« Elle est, en effet, écrit M. le professeur Saleilles, dont
« il faudra souvent citer le récent et remarquable ouvrage,
« une loi d'individualisation pénale, purement et simple-
« ment, dans laquelle il faut regarder à l'individu et non au
« fait. Le législateur, ajoute-t-il, a voulu que le magistrat
« pût prendre en considération non pas la gravité objective
« du fait, mais les chances de relèvement de l'individu ; et
« alors qu'importe le fait (48) ? » Pour rendre plus éclatante
la vérité de cette thèse (49), on a mis en parallèle un jeune
voleur, ayant commis un petit méfait, susceptible d'être
puni de trois mois de prison, et un employé de commerce
jusque-là honnête, qui a fait des dettes, peut-être motivées
par des charges de famille, qui a puisé dans la caisse de
son patron, avec l'espoir de rembourser par acomptes, mais
qui a été arrêté avant d'y avoir réussi. Si le juge s'inspire
de la matérialité du fait, il accordera le sursis au petit voleur,
dont le tempérament est celui d'un vrai malfaiteur, rebelle
à tout amendement, et il le refusera au caissier, qui a cédé
à la tentation d'un moment, mais qui, au fond, n'est pas
devenu pour cela un malhonnête homme. Quel sera le

---

(47) M. Garraud, *Droit pénal français*, page 70, tome Ier.

(48) *L'Individualisation de la peine*, par M. Saleilles, professeur à la
Faculté de droit de Paris, 1898, préface de M. Tarde.

(49) Qui est approuvée par M. Tarde, *loc. cit.*

résultat de ces deux décisions ? Le voici : le premier des condamnés, rendu à la liberté, en profitera pour faire courir à la Société les pires dangers, et le second, jeté dans une prison, affaibli dans son énergie par l'incurable flétrissure et placé dans une désastreuse promiscuité avec des misérables, qui railleront son repentir, sortira, de là, mûr pour la récidive, à jamais perdu, quand il aurait pu être si facilement sauvé.

Le remède à d'aussi cruelles erreurs consisterait à voir enfin, dans la loi Bérenger, le sens et la portée qu'a voulu lui donner l'homme éminent, auquel en est due la très noble initiative ; il faudrait surtout se dégager des liens d'un enseignement pénal suranné et d'une pratique fâcheuse qui ont habitué l'esprit à s'imprégner de l'idée fondamentale et presque exclusive de la gravité objective du fait. De pareilles modifications ne se réalisent point en quelques jours, ni même en quelques années, et on ne rompt pas brusquement avec les traditions du passé. Ainsi certains criminalistes s'indignent qu'on puisse accorder le sursis même pour un emprisonnement de cinq ans, par conséquent à la suite d'une infraction grave. Et pourquoi ne l'accorderait-on pas ? Protester contre une pareille latitude, c'est en somme ne rien comprendre à la loi Bérenger qui n'est ni une grâce, ni une faveur attachée à la considération du fait commis, mais dont le but est d'obtenir l'amendement de l'inculpé, dans l'intérêt exclusif de la Société, afin qu'il ne devienne pas une nouvelle recrue pour la redoutable armée de la récidive (50).

---

(50) Parmi ceux qui n'ont pas compris le véritable caractère de la loi de sursis semble se trouver la Commission instituée pour préparer un projet de Code pénal français. Voici le texte par elle adopté : « Cha-

Il n'est que trop vrai que, devant les juridictions pénales, ces principes nouveaux ne sont pas toujours respectés. Actuellement, dit M. le professeur Saleilles, « dans les cas « rares, comme celui de sursis, où les magistrats ont à faire « de l'individualisation pénale, tout ne se passe pas de la « meilleure façon du monde. Leur éducation les a portés à « voir surtout le fait et c'est d'après le fait qu'ils peuvent « être tentés d'accorder ou de refuser le sursis. Cependant il « ne serait pas du tout impossible qu'un fait, pris en lui- « même, ne méritât aucune circonstance atténuante et que « l'agent fût digne du sursis. Ce sont des points de vue tout

---

« pitre VI, § 2. Du sursis à l'exécution. — Article 67. Le Tribunal « peut, lorsqu'il prononce une peine inférieure ou égale à trois mois « d'emprisonnement ou de détention contre un inculpé n'ayant pas « encore été condamné pour un crime ou délit, ordonner qu'il sera « sursis à l'exécution de cette peine. — Article 68. Le sursis est révo- « qué de plein droit si, dans le délai de trois années, le condamné « commet un nouveau crime ou un nouveau délit passible de l'empri- « sonnement ou de la détention. Dans ce cas, la première condam- « nation sera subie sans confusion avec la deuxième. — Article 69. « La condamnation sera considérée comme exécutée s'il n'est pas « prononcé de nouvelle condamnation dans les termes du précédent « article. » (*Bulletin de la Société générale des Prisons*, page 200, année 1893). Ainsi le domaine de la loi Bérenger serait terriblement réduit et il n'y aurait plus de réhabilitation légale ! Les articles 67 à 69 du projet sont donc une œuvre de réaction et sont d'autant plus inexplicables qu'ils se placent à une époque où les excellents résultats de la loi de sursis ont été pleinement constatés, au point d'impressionner les pouvoirs publics qui en demandent, avec raison, l'extension à des cas non prévus. On peut être certain que notre Parlement, si pénétré d'idées généreuses et humanitaires, ne suivra pas la Commis-extra-parlementaire en tant qu'elle propose la mutilation de la loi Bérenger.

« à fait différents et c'est sous ce rapport qu'une éducation
« nouvelle du juge pourrait être nécessaire (51). »

Une première erreur en entraîne généralement une
seconde et les juridictions pénales, qui se laissent à tort
impressionner par l'élément objectif de l'infraction pour
refuser le sursis à l'inculpé, cependant susceptible d'amendement, croient avoir poussé l'indulgence aux limites
extrêmes en appliquant dans ce cas une courte peine. Les
courtes peines ! Vainement, les criminalistes les plus autorisés en ont fait le procès, démontrant qu'elles sont ou
inefficaces ou pernicieuses, elles résistent à toutes les
attaques et leur usage ne disparaît pas. C'est à ce point que
les critiques amères et justifiées, dont elles sont l'objet, sont
devenues, à force d'être répétées, de véritables lieux com-
muns. Appliquées au récidiviste, vieil habitué de la prison,
les courtes peines, loin de l'intimider et de le châtier, pro-
voquent son méprisant dédain, à moins qu'elles ne déjouent
ses prévisions, notamment au début de la saison hivernale,
et qu'elles ne le conduisent à solliciter de ses juges un
emprisonnement plus prolongé, lui permettant d'attendre, à
l'abri des frimas, le retour des beaux jours. Par contre, si
la courte peine atteint, dès sa première faute, un homme
encore capable de se ressaisir, elle le perd sans retour. Il
suffit, en effet, du simple contact de la prison, avec ou sans
cellule, pour faire de celui qui l'a subi un récidiviste à peu
près assuré pour l'avenir. « Le seul moyen de le sauver

---

(51) *L'individualisation de la peine*, page 205. Voir également un
article de M. Von Listz, professeur à Halle, qui fait remarquer avec
raison qu'il faut négliger le côté objectif parce qu'on doit punir non
pas le délit, mais le délinquant. (*Bulletin de la Société générale des Prisons*,
1897, p. 144.)

était peut-être de lui éviter sa peine ; or, tout est là, sauver les gens (52). »

Aussi a-t-on pu dire, avec autant de force que de justesse, que l'abus des courtes peines est la plaie de notre système pénitentiaire. Puisque la prison, loin d'être réformatrice, est presque toujours corruptrice, il faut y placer pour une longue durée les incorrigibles, dont il n'y a plus rien de bon à espérer, de façon à protéger la Société contre eux le plus longtemps possible. A l'inverse, il faut épargner le séjour d'un tel lieu à l'inculpé débutant qui peut encore être ramené à une existence régulière. Autrement, la courte peine, en encourageant au mal, par sa faiblesse, les malfaiteurs endurcis, et en contaminant moralement les autres, dans l'atmosphère de la prison, entraîne par ces deux effets différents, mais inévitables, l'accroissement fatal de la récidive. Cette vérité se trouve constatée dans le Rapport qui précède le compte rendu de l'administration de la justice en France pendant l'année 1894.

Mais pour réussir à faire pénétrer la double nécessité de répudier les courtes peines et de négliger, dans l'application de la loi de sursis, le côté objectif du délit, peut-être faudrait-il, selon l'expression de M. Saleilles, une *éducation nouvelle* et celle-ci ne pourrait guère être procurée que par une modification du texte. En l'état, les Tribunaux sont obligés de motiver leurs décisions lorsqu'ils vont à la condamnation conditionnelle ; mais dans le cas inverse, ils ne sont pas tenus de s'expliquer (53), en sorte qu'il est impossible d'apprécier la valeur de leurs raisons déterminantes et

---

(52) M. Saleilles, *loc. cit.*, page 193.

(53) La question s'est cependant posée en jurisprudence. Cassation, 29 février 1896. Dalloz pér. 1896, 1, 535.

notamment de rechercher si elles ne sont pas tirées exclusivement de la gravité du fait. Pour dissiper cette mystérieuse obscurité, il faudrait que le juge, appelé à statuer au regard d'un inculpé, réunissant les conditions d'application du sursis, fût toujours astreint à faire connaître les motifs par lesquels il s'est décidé aussi bien à refuser ce bénéfice qu'à l'accorder. Le contrôle des Cours pourrait alors s'exercer efficacement et la jurisprudence, qui certainement ne se déroberait pas à l'application des règles de l'individualisation de la peine, serait le meilleur enseignement du juge (54).

Bien d'autres améliorations à la loi du sursis ont été proposées, au Parlement ou dans la doctrine; jusqu'à présent, une seule a abouti, et c'est la loi du 4 mai 1897 qui l'a consacrée. Auparavant, l'Administration de la guerre appliquait aux jeunes gens, condamnés avec sursis, les dispositions rigoureuses des articles 5, 48 et 59 de la loi sur le recrutement et les incorporait dans les bataillons d'infanterie légère d'Afrique. Légalement, cette pratique était absolument régulière, puisque la loi Bérenger, tout en suspendant la condamnation, laisse subsister les incapacités qui en dérivent. Mais, en fait, on aboutissait à une choquante

---

(54) Il est clair qu'il ne saurait être question d'appeler tous les délinquants primaires au bénéfice du sursis, car on justifierait ainsi les spirituelles critiques de M. de l'Angle-Beaumanoir, en encourageant le premier délit, qui serait assuré de l'impunité. Les juges, surtout au pénal. doivent conserver une grande latitude d'appréciation, de façon à varier les peines selon la diversité infinie des espèces et il faut qu'ils puissent toujours, pour l'application du sursis, faire un choix entre les délinquants. Cette faculté suffit à déjouer tous les calculs et toutes les espérances d'impunité. Mais, ce qui est certain, c'est que le juge s'abuse s'il s'inspire seulement et uniquement de la gravité du fait pour refuser le sursis.

inconséquence. L'un des objectifs de la loi du 26 mars 1891 est de faire échapper les jeunes condamnés aux dangers des contacts de la prison; or, ces contacts, ils avaient à les subir, dans des conditions beaucoup plus graves, au sein des bataillons d'infanterie légère (55). Fort heureusement la loi du 4 mai 1897 a mis fin à cet état de choses et, actuellement, sous le rapport de l'incorporation et des engagements volontaires, les bénéficiaires du sursis sont traités comme s'ils n'avaient jamais été condamnés.

De laborieux efforts sont encore nécessaires pour doter la législation du sursis de tous les perfectionnements propres à affirmer davantage sa portée humanitaire et sociale. Certe belle tâche n'a point été désertée; presque de toutes parts se manifeste une tendance marquée à élargir le champ d'action de la loi Bérenger et ce mouvement d'opinion est un heureux symptôme de la marche de l'esprit public vers un idéal toujours plus noble de générosité et de libéralisme. Les peuples répudient la sévérité des châtiments à proportion de l'accroissement de leur indépendance. « Il serait aisé de prouver, dit Montesquieu, que, « dans tous ou presque tous les Etats d'Europe, les « peines ont diminué ou augmenté à mesure qu'on s'est « plus approché ou plus éloigné de la liberté (56). »

Il y a quatorze ans, lorsque était posé pour la première fois le principe du sursis, sa nouveauté heurtait de front des

---

(55) Cette sévère appréciation, sur la valeur morale des bataillons d'infanterie légère, a été formulée au Sénat, par M. Bérenger, à la séance du 3 avril 1895, sans motiver de protestation de la part du ministre de la guerre. (*Bulletin de la Société générale des Prisons*, 1895, p. 735.)

(56) *Esprit des lois*, livre VI, chap IX.

préjugés et des habitudes répressives si profondément enracinées qu'il était indispensable d'en limiter étroitement l'application pour en faire tolérer l'admission. Aujourd'hui, le temps a fait son œuvre, l'expérience a été concluante et, sans esprit de hardiesse, sans manquer à gratitude légitimement due à l'auteur de la loi de sursis, il est permis de souhaiter cette dernière meilleure encore qu'elle ne pouvait l'être à l'époque où elle a été votée.

Au Parlement, deux membres de la dernière Chambre se sont faits les propagateurs de ce courant d'idées, M. Mougeot, actuellement sous-secrétaire d'Etat, et M. Julien Goujon (57). A la suite du dépôt de leurs propositions, une Commission a été instituée, à l'effet d'étudier l'ensemble des modifications dont la loi Bérenger est susceptible, et les principes suivants ont été admis (58) :

1° Faculté pour le juge de réduire de cinq ans à trois ans le délai d'épreuve, afin de permettre aux bénéficiaires du sursis d'être réhabilités au bout de trois années comme les condamnés ordinaires ;

2° Attribution au Jury du pouvoir d'accorder le sursis ;

3° Création de circonstances très atténuantes ayant pour conséquence d'astreindre la Cour d'assises à abaisser la peine de deux degrés, c'est-à-dire de transformer en obligation ce qui, actuellement, est une simple faculté ;

4° Extension de la loi Bérenger aux condamnations prononcées par les Tribunaux militaires.

A ces principes, les criminalistes ont ajouté quelques

---

(57) La proposition de M. Mougeot est annexée au procès-verbal de la séance du 1er juin 1896 et celle de M. Goujon au procès-verbal de la séance du 11 février 1797.

(58) La Commission a achevé ses travaux en 1897. (*Bulletin de la Société générale des Prisons*, 1897, p. 1181.)

desiderata et il reste à passer rapidement en revue les uns et les autres, selon l'ordre le plus logique.

Tout d'abord, ne conviendrait-il pas d'étendre l'application facultative de la loi de sursis aux condamnations prononcées par les Tribunaux militaires, comme le voulait la Commission nommée par la Chambre pendant la précédente législature ?

La proposition initiale de M. Bérenger comportait cette extension et son auteur s'exprimait ainsi, dans la séance du 3 juin 1890 : « Je pense que le militaire, poursuivi même « devant une juridiction militaire, pour faits de droit com- « mun, pourra participer au bénéfice de la loi. » Mais, au Sénat, M. le général Robert fit rejeter cette interprétation et voter, sans discussion, un amendement devenu le texte de l'article 7. Pourquoi cette disposition et en quoi le maintien de la discipline peut-il être intéressé à ce qu'on pervertisse, par le séjour des prisons, des jeunes gens dont on aurait pu faire d'honnêtes et loyaux soldats, en les soustrayant à une peine corruptrice ? Etrange et inexplicable exigence ! Aussi bien, il est non moins curieux d'observer que très fréquemment les Tribunaux militaires sont appelés à statuer sur des délits de droit commun, dont l'élément objectif n'est pas une faute contre la discipline, c'est-à-dire contre l'obéissance et le respect dus aux chefs. Dans les autres cas, rien n'autorise à douter de la fermeté des Conseils de guerre, qui sauront toujours refuser le sursis, lorsque l'intérêt supérieur de l'armée commandera l'application d'une peine rigoureuse et sans atténuation.

Actuellement, bien que la prohibition de l'article 7 vise seulement les Tribunaux militaires, la jurisprudence décide qu'un soldat, traduit devant la juridiction de droit commun à raison de sa complicité avec un non militaire, ne peut

bénéficier d'une condamnation conditionnelle, à la différence de son complice. L'opinion comprend difficilement
que deux inculpés, déférés ensemble au même juge, à raison
de la même infraction, puissent ne pas être égaux devant
la loi (59).

Enfin, on sait que le bénéfice de la suspension de la peine
tombe par l'effet d'une condamnation prononcée postérieu-
rement, pour crime ou délit, par un Tribunal militaire (60),
en sorte que cette juridiction, sans qualité pour accorder
le sursis, peut cependant en provoquer la déchéance. Nouvelle bizarrerie !

Le vice de l'article 7 est donc apparent ; aussi en Belgique, où fonctionne une disposition analogue, le Sénat a
été saisi, dans sa séance du 12 novembre 1896, d'une proposition tendant à autoriser *la condamnation conditionnelle à
l'égard d'infractions commises par des militaires* (61).

Au surplus ne faudrait il pas généraliser davantage, et, la
faculté de suspendre l'exécution de la peine, ne devrait-elle
pas être accordée à toutes les juridictions pénales, sans distinction d'ordre et de nature ? Ainsi, il est singulier que les
Tribunaux de simple police soient empêchés de faire usage
de la condamnation conditionnelle (62), et cette prohibition
est injustifiable (63). La loi Bérenger tend à arracher à la

---

(59) Cassation, 13 avril 1894. *Lois nouvelles*, 1894, 2, 81.

(60) Bregeault. *La loi du 26 mars 1891. Lois nouvelles*, 1891, p. 323.

(61) La proposition émane de M. le sénateur Le Jeune. (*Bulletin de la
Société générale des Prisons*, 1896, p. 172.)

(62) Cassation, 5 mars 1892. D. P., 1892, 1, 338. Voir le rapport
de M. le conseiller Bernard.

(63) Voici les objections élevées contre l'admission du sursis en
simple police :

1º Une condamnation, pour crime ou délit de droit commun, peut

corruption des prisons des êtres susceptibles d'amendement. Or, si l'emprisonnement, subi en suite de délits ou
de crimes, engendre fatalement des récidivistes, pourquoi
celui motivé par des contraventions et accompli dans le
même milieu, ne produirait-il pas des effets identiques ?
Puis, n'est-il pas contradictoire et injuste d'admettre au
bénéfice du sursis le coupable d'infractions, aussi graves
que les crimes, et de le refuser à l'auteur de simples contraventions (64) ? Qu'il s'agisse de criminels, de délinquants

---

seule mettre obstacle à la prononciation du sursis ou amener la révocation de cette mesure. Par conséquent, un individu pourrait, malgré
de nombreuses récidives, continuer à obtenir du Juge de paix le bénéfice
du sursis, et, cette faveur n'étant jamais révoquée, l'avertissement
adressé par le magistrat n'aurait pas de sanction.

La réponse est double : le sursis est une faculté et non une obligation, et le Juge de paix n'en fera pas bénéficier plusieurs fois un
individu qui s'en est rendu indigne. Du reste, la même objection peut
s'appliquer à la condamnation à l'amende avec sursis. D'autre part, il
serait facile de décider que les condamnations de simple police pourraient, seulement entre elles et par rapport à elles, prohiber le sursis
ou entraîner la déchéance d'un sursis accordé.

2° On a dit encore que la prescription de la peine de simple police
étant de deux ans, cette prescription serait acquise avant l'expiration du
délai de sursis, qui est de cinq ans. — Non, car le sursis a pour conséquence de suspendre la prescription de la peine. Du reste, il faudrait
que le délai d'épreuve fût modifié et fixé de deux à cinq ans. Voir, sur
ces points : Georges, *Du sursis conditionnel*, pages 232 et suivantes.

(64) La contradiction s'étale parfois dans le même jugement. Sup-
posons un juge correctionnel saisi, à raison de la connexité, d'une
contravention et d'un délit, ce dernier naturellement plus grave. Il prononce pour chaque fait une peine d'emprisonnement différente. La
peine la plus lourde, motivée par le délit, pourra être suspendue, mais
il ne pourra pas être sursis à l'exécution de la plus faible, dont la cause
est la contravention. Voir Laborde : *Questions pratiques sur la loi du*

ou de contrevenants primaires, le but à atteindre, vis-à-vis
de tous, doit être de les soustraire à la contagion du vice,
et, s'il en est, parmi eux, qu'il faille protéger de préférence,
ce sont surtout ceux qui ont commis des actes peu graves,
parce que leur perversité paraît moindre et leur régénération
plus certaine. Ces principes si simples ont pourtant été
contestés et de nombreuses objections ont été soulevées
contre la possibilité d'appliquer utilement la suspension de
la peine devant les juridictions de simple police. Il serait
superflu d'entrer à cet égard dans une discussion, que les
résultats de l'expérience ont rendue oiseuse, et il suffit de
dire qu'en Belgique, les Tribunaux de paix sont admis à
profiter de l'institution du sursis, dont les effets bienfaisants
ne se sont pas démentis (65).

La plus urgente des réformes projetées, dans le domaine
de la condamnation conditionelle, est celle qui consisterait
à attribuer au jury, au lieu et place de la Cour, la faculté

---

26 mars 1891. *Lois nouvelles*, 1891, page 251. — *Idem*. Bregeault,
loc. *citato*, p. 321.

(65) La condamnation conditionnelle, prononcée en simple police,
pourrait être inscrite au casier judiciaire ordinaire, ou encore à un
casier spécial, identique à celui tenu pour constater la récidive d'ivresse.
On mentionnerait également sur ce casier toutes les condamnations à
l'emprisonnement, émanant des juridictions cantonales. Enfin, les
peines de simple police continueraient à ne pas prohiber ou faire tomber
le bénéfice du sursis dans les matières correctionnelles ou criminelles.
Mais entre elles, elles auraient cet effet ; ainsi, une peine d'emprisonnement pour contravention ferait déchoir du bénéfice de la suspension
d'une peine de simple police, antérieurement prononcée, mais serait
sans effet sur des sursis accordés par d'autres juridictions. D'autre part,
une même peine, toujours appliquée par le juge de paix. priverait dans
l'avenir le condamné du droit de demander le sursis, mais seulement
en matière de simple police.

d’accorder le bénéfice de la suspension de la peine, en matière criminelle. Il est en effet trop certain que le législateur de 1891 a fait fausse route, en préférant les magistrats de la Cour au Jury, pour l’exercice du droit distributif de sursis, et qu’il est tombé dans une erreur, déjà commise en 1824, au milieu d’un concours de circonstances dont l’identité aurait cependant dû servir d’enseignement. Dans la pensée de M. Bérenger, la condamnation conditionnelle devait avoir pour heureuse conséquence, au criminel, d’élever une digue contre la marée montante des acquittements dont le jury devient coutumier, lorsqu’il s’agit de crimes baptisés passionnels. Des préoccupations analogues avaient inspiré les auteurs de la loi de 1824 et ceux-ci, en introduisant dans notre législation le système des circonstances atténuantes, avaient aussi cru que la Cour était plus spécialement qualifiée pour assurer le bon fonctionnement du nouveau régime pénal. Une courte expérience suffit à révéler que le jury, incertain de la décision des magistrats sur l’admission des circonstances atténuantes, préférait acquitter, plutôt que d’exposer l’accusé à subir des rigueurs excessives (66), et il fallut, dès 1832, mettre un terme au conflit. La loi du 26 mars 1891 appelle la même réforme et il est indispensable de transférer au jury, à l’exclusion de la Cour, le droit de s’expliquer sur le sursis. Mais, dira-t-on, ce procédé serait anti-juridique, car les jurés seraient ainsi appelés à s’inquiéter de la peine, quand cependant le Code d’instruction criminelle proclame qu’ « ils manquent à leur « premier devoir lorsque, pensant aux dispositions des lois

---

(66) « Lorsque la peine est sans mesure, on est souvent obligé de lui préférer l’impunité. » *Esprit des lois,* liv. VI, chap. XIII. Impuissance des lois japonaises.

« pénales, ils considèrent les suites que peut avoir, par
« rapport à l'accusé, la déclaration qu'ils ont à faire (67). »
L'objection ne fait que rendre plus saisissante l'incompatibi-
lité de ce texte avec nos mœurs judiciaires, consacrées et
fortifiées du reste par la législation de 1832. Quoi qu'on
fasse, la principale préoccupation du jury sera toujours la
peine, à laquelle il doit légitimement penser, puisqu'il peut
l'abaisser ou même en changer le caractère, par l'admission
des circonstances atténuantes. Or, il n'est jamais certain
que la Cour consentira à surseoir à l'exécution de la peine
et ses doutes se fortifient au spectacle de certaines résis-
tances, souvent bien faites pour l'inquiéter. « Le Ministère
« public laisse-t-il entendre qu'il ne s'opposera pas à
« l'application de la loi Bérenger ? L'avocat, qui tient à son
« acquittement, s'empressera de faire remarquer que son
« adversaire déserte l'accusation ou bien qu'il ne peut pro-
« mettre que la Cour rendra un arrêt conforme à ses con-
« clusions. Bref, en présence de cette incertitude, le Jury
« acquitte comme par le passé (68). »

La Commission, nommée par la précédente Chambre
des Députés, souhaitait que les jurés fussent autorisés à
accorder des circonstances *très atténuantes* et à transformer

---

(67) Art. 342, Code d'instruction criminelle.

(68) *La condamnation conditionnelle*, par J. Bachem. (*Bulletin de la
Société générale des prisons*, 1894, p. 731.) Et le Jury n'a pas tort
d'acquitter, car il est déjà arrivé que tout le monde, accusé, avocat
Ministère public, demandant le sursis, la Cour le refusât cependant,
quelquefois impressionnée, malgré elle, par une raison excellente, à
condition de n'être pas exagérée, le désir de manifester son indépendance, vis-à-vis de tous et notamment de l'accusation. Hélas ! il est des
cas où l'esprit d'indépendance arrive à ressembler, à s'y méprendre, à
l'esprit de contradiction !

ainsi, en obligation, la faculté, réservée à la Cour, d'abaisser la peine de deux degrés, de façon, dans le cas où la loi le permet, à descendre à un emprisonnement dont la suspension deviendrait alors possible. La logique doit dicter cette solution, sans qu'il soit même besoin de l'énoncer, car, si on veut rendre le Jury seul maître d'appliquer le sursis, dans les espèces où il est admissible, c'est-à-dire quand l'emprisonnement peut être prononcé, il y aurait contradiction à limiter son pouvoir au gré de la Cour qui, de la sorte, se trouverait de nouveau investie du droit dont on tend précisément à la déposséder (69).

La loi Bérenger a incontestablement aussi le tort de fixer immuablement à cinq années le délai de l'épreuve imposée au condamné. Le stage comminatoire est une peine comme toutes les autres et devrait, par conséquent, être, pour le moins, constituée avec un minimum et un maximum, entre les limites desquels la décision du Magistrat aurait la pos-

---

(69) Une nouvelle attribution serait ainsi retirée aux magistrats à qui on a enlevé successivement, en 1832, l'application des circonstances atténuantes au criminel et, en 1881, la connaissance de la plupart des délits de presse. La tendance est de restreindre encore leur pouvoir au pénal et on agite la création du Jury correctionnel. A quelle cause ce mouvement se rattache-t-il ? Les magistrats ne penseraient-ils point, comme le faisait Montesquieu, que dans un Etat libre, il faut *s'attacher moins à punir les crimes qu'à les prévenir* ? M. le professeur Worms (*Les condamnations conditionnelles*, page 42) espérait que « *les juridictions établies échapperaient à la routine et à l'endurcissement professionnel* », et accueilleraient la loi généreuse du sursis avec autant de faveur que l'opinion publique. Il faut que les Tribunaux s'attachent à justifier cette espérance s'ils ne veulent pas donner une actualité nouvelle à cette maxime de Chamfort : « Les magistrats connaissent les intérêts du moment à peu près comme les écoliers qui ont obtenu un *exeat*, et qui ont dîné hors du collège, connaissent le monde. »

sibilité d'osciller, de manière à proportionner le châtiment à la perversité du délinquant. Assigner à une peine une durée fixe, constante dans l'universalité des hypothèses, égale pour des individus dont les instincts naturels, l'éducation et la responsabilité sont variables à l'infini, c'est violer la plus élémentaire équité. Est-il normal, quand des délinquants sont condamnés conditionnellement à des peines variant de vingt-quatre heures à cinq ans de prison, de soumettre les uns et les autres à un traitement uniforme, relativement au délai d'épreuve ? On ne saurait le soutenir.

Au reste, l'invariabilité du stage a le privilège de produire, au point de vue de la réhabilitation, les effets les plus bizarres et les plus inattendus. Ainsi l'individu, condamné correctionnellement et à qui le sursis a été refusé, peut obtenir la réhabilitation trois ans après sa libération, tandis que celui, plus intéressant, auquel a été accordée la faveur de la suspension de la peine, devra attendre cinq années avant d'être réhabilité. Par suite, la loi Bérenger, destinée à être miséricordieuse aux inculpés dignes d'indulgence, se trouve devenir pour eux, en cette matière, une loi de *plus grande rigueur* (70).

Le délai intangible de cinq années, vivement critiqué par la doctrine (71), n'a été adopté par aucune législation étrangère. La proposition de MM. Michaux et Schœlcher, déposée au Sénat en 1885, limitait à cinq années la durée

---

(70) Ce point de vue est mis en relief avec une très grande énergie dans la proposition de loi de M. Mougeot.

(71) Bregeault. *La loi du 26 mars 1891. Lois nouvelles*, 1891, p. 322, Alfred Gauthier, professeur à Genève. Note sur le sursis à l'exécution. (*Bulletin de l'Union internationale du droit pénal* 1896, p. 27 et suiv. — Georges. *Du sursis conditionnel*, page 252.)

du stage que le juge était autorisé à réduire à son gré. A la Chambre des Députés MM. Reybert et Gagneur, proposaient, en 1886, de ne déterminer ni le minimum ni le maximum du délai. C'est dans ce sens qu'est conçue la loi belge. Enfin, lors de la discussion de la loi Bérenger, à la séance du Sénat du 3 juin 1890, M. Bozérian demandait, par voie d'amendement, que le temps d'épreuve ne fût pas inférieur à trois mois ni supérieur à cinq ans. C'est à peu près ce qu'admet le projet italien. Plus sévères, la loi genevoise, du 29 octobre 1892, et la loi portugaise, du 6 juillet 1893, stipulent que la période d'attente ne peut s'abaisser au-dessous de deux années ni dépasser cinq ans. Il faudrait, au pis aller, accueillir la solution qu'elles ont adoptée. En effet, il serait choquant que la période d'épreuve pût se prolonger au delà du délai nécessaire à la prescription de la peine, car il arriverait ainsi, qu'au cas de rechute, survenue après ce délai, la peine, qui aurait été éteinte, vis-à-vis des condamnés privés de sursis et en fuite, revivrait et deviendrait exécutoire à l'encontre des bénéficiaires de condamnations conditionnelles. Or, si les peines correctionnelles se prescrivent par cinq années, le délai est de deux ans seulement pour celles de simple police et on sait combien il serait rationnel d'attribuer aux Tribunaux de paix la faculté d'accorder le sursis (72). Une législation nouvelle devrait donc se garder d'élever au-dessus de deux années le minimum du stage imposé aux condamnés conditionnels, afin de permettre aux juges cantonaux de s'en tenir à ce délai, qui est celui dans les limites duquel se prescrivent les peines procédant de leur juridiction.

---

(72) Le Congrès de Saint-Pétersbourg de 1890, hostile à la condamnation conditionnelle en matière de crimes et de délits, l'admettait pour les contraventions.

L'application de la loi Bérenger donne parfois naissance
à une situation particulière qui appelle également une
réforme. Les juridictions pénales peuvent, en prononçant à
la fois, à raison du délit qui leur est déféré, une peine de
prison et une amende, limiter à l'emprisonnement le sursis
qu'elles accordent au condamné. Il en résulte que l'amende,
appliquée à titre définitif, conserve toutes ses conséquences
légales et qu'après l'expiration de la période d'épreuve,
accomplie sans rechute, elle subsiste au casier judiciaire, à
la différence de l'emprisonnement, qui est effacé de plein
droit. Le législateur n'avait pas escompté ce résultat et
comme M. Tirard demandait au Sénat, au cours de la séance
du 3 juin 1890, si, dans l'espèce, le casier judiciaire existe-
rait pour l'amende, le rapporteur lui répondit : « Mais,
« pas du tout... A l'expiration du délai sans poursuite nou-
« velle, le casier judiciaire sera supprimé pour le tout. »
Cette affirmation de M. Bérenger, demeurée lettre morte,
gagnerait évidemment à passer dans le texte de la loi.

Est-ce à dire, en dernière analyse, que ces réformes, en
les supposant même accrues de toutes celles qu'inspireront
plus tard les ingénieuses révélations de la pratique, réus-
siront à détenir la vertu souveraine de donner satisfaction
à toutes les exigences de l'utilité sociale et à toutes les aspi-
rations de la justice ? Il n'y faut point compter. Si minu-
tieuses et si étendues que soient les prévisions d'une loi
pénale, celle-ci froisse toujours des intérêts respectables et
insoupçonnés lorsqu'elle enserre dans des règles fixes un
ensemble, même restreint, de situations. C'est une lamentable illusion que de croire faire œuvre d'équité en limi-
tant, par des conditions étroites, la sévérité ou l'indulgence
du juge et en élevant des barrières infranchissables contre
la liberté de son pouvoir d'appréciation. Toujours, en effet,

il surgira des espèces nouvelles, auxquelles le législateur ne pouvait songer, et dont la solution, si elle est enfermée dans des prescriptions impératives, ne sera obtenue qu'au prix de la violation évidente du droit naturel. L'être humain est si complexe, si curieusement divers, que les actes multiples, émanant d'un pareil agent, ne peuvent être jugés comme s'ils avaient été tous formés dans le même moule, sinon ils sont traités tantôt avec une ridicule faiblesse, tantôt avec une rigueur exagérée. Aussi, l'un des principes essentiels de notre droit pénal moderne est de laisser au juge la plus grande latitude dans l'application des peines, car, plus on restreint son champ d'action, plus on compromet l'équité de ses décisions. L'école criminaliste va délibérement à cette vérité, sur laquelle sont fondées les théories de l'individualisation et de l'indétermination des peines (73). Or, la loi Bérenger est une loi d'individualisation pénale qui s'est arrêtée à mi-chemin, car, en posant des conditions fatales à l'obtention du sursis, à sa durée, à sa déchéance, elle contraint parfois le Magistrat à juger non pas avec sa raison et son cœur, mais avec un texte

---

(73) L'une de ces théories, celle de l'indétermination des peines, sera soumise en 1900 à l'examen du congrès pénitentiaire international de Bruxelles. Dans l'individualisation, c'est le juge qui modèle la peine sur le caractère subjectif du condamné, tandis que, dans l'indétermination, ce pouvoir est exercé par une Commission pénitentiaire. En effet, dans ce second système, le juge se borne à spécifier qu'il y a lieu d'appliquer une peine dont la durée est déterminée, en dehors de lui, d'après le tempérament du condamné, sa conduite à la prison et les nécessités de son amendement. En somme, dans les deux méthodes il se produit une individualisation de la peine qui est différenciée seulement en ce qu'elle procède de pouvoirs distincts. En Amérique, l'indétermination des peines fonctionne, paraît-il, avec le plus grand succès.

tyrannique, excellent dans certaines hypothèses, déplorable pour d'autres dont l'événement n'avait pas été prévu.

Ainsi, est-il toujours juste de réserver la faveur du sursis exclusivement aux individus, qui n'ont pas encore été frappés par la justice, et n'est-il pas cruel d'en refuser le bénéfice au vieillard qui aura été condamné, il y a trente ans, davantage peut-être, à une courte peine et dont la vie, depuis cette faute lointaine, aura été l'honneur et la vertu même (74) ?

Le délai d'épreuve, même fixé de deux à cinq ans, répondrait-il à toutes les exigences? Le minimum n'en serait-il pas excessif, pour une peine absolument insignifiante, et le maximum ne pourrait-il pas paraître insuffisant, quand il s'agirait de l'appliquer à un individu susceptible d'amendement, mais ayant commis un acte grave, un crime ?

A un autre point de vue, n'est-il pas imprudent, au regard de la Société, de subordonner la déchéance de la suspension de la peine exclusivement à la survenance d'une nouvelle condamnation? De cette façon, si le bénéficiaire du sursis est assez habile pour éviter des poursuites, et si, même étant poursuivi, il réussit à profiter d'un certain doute entraînant son acquittement, il pourra impunément tenir une scandaleuse conduite, il pourra même se faire condamner à l'étranger (75) et il ne continuera pas moins à jouir de l'immunité résultant de la suspension de la peine. Quel spectacle réconfortant pour la moralité publique !

---

(74) La proposition Reybert et Gagneur permettait d'accorder le sursis même aux individus antérieurement condamnés. Le projet de loi italienne n'excluait que les récidivistes.

(75) Seule la législation genevoise (art. 1er) tient compte des condamnations prononcées à l'étranger pour la révocation du sursis.

Inversement, pourquoi faire découler la révocation du sursis indistinctement de toutes les condamnations ultérieures à l'emprisonnement, quand, parmi elles, il peut s'en trouver qui aient été prononcées pour des faits dus à l'imprudence et dont il sera difficile, raisonnablement, d'induire le défaut d'amendement de l'inculpé?

Enfin, ne serait-il pas très utile d'autoriser le juge à imposer à certains délinquants telles obligations, qu'il jugerait opportunes, pour prix du sursis qu'il leur concède? Où serait le mal s'il ordonnait, dans des cas spéciaux, le désintéressement préalable de la partie lésée, ou le dépôt d'une caution, conformément à la pratique anglaise, ou s'il contraignait le condamné à contracter un engagement militaire (76), faute de quoi la peine deviendrait exécutoire?

Sur tous ces points, le meilleur serait de s'en remettre à la conscience du juge, à son appréciation souveraine et éclairée et, par-dessus tout, il faudrait se garder de l'abus de la réglementation. Aussi, a-t-on dit très justement « que « toutes les conditions, quelque rationnelles qu'elles puis- « sent être, pourraient sans danger être rayées des lois qui « régissent le sursis (77) ». La plus sage d'entre ces lois serait celle qui, renonçant à ce luxe de précautions inutiles, pour s'en remettre à la scrupuleuse prudence des Tribunaux, déciderait que le sursis peut être accordé pour les peines d'emprisonnement, enjoindrait au juge de s'expliquer au regard des délinquants primaires, serait muette sur la durée du délai d'épreuve, organiserait la réhabilitation légale

---

(76) L'idée est de M. Léveillé. Le juge dirait : « Je vous mets en liberté à condition que vous vous engagiez. » (*Bulletin de la Société générale des Prisons*, 1897, page 503.)

(77) Gauthier, *loc. cit.*

et indiquerait qu'au cas d'indignité du bénéficiaire, la révocation du sursis serait poursuivie par le Ministère public.

En viendra-t-on jamais là et l'opposition rencontrée par la loi Bérenger dans certains milieux s'est-elle suffisamment assoupie pour permettre de l'espérer? C'est le secret du Parlement. Mais en tout cas si, comme on l'a dit plaisamment, « une loi sur le sursis méritant le « prix d'excellence reste encore à faire », il faut considérer qu'en cette matière comme en toutes les autres, la difficulté et la grandeur de l'œuvre consistent moins à améliorer une réforme qu'à en découvrir et à en faire accepter le principe. C'est ce dernier rôle qu'a rempli M. le sénateur Bérenger ; l'honneur lui en revient pleinement et la conscience publique ne saurait oublier, sans ingratitude, qu'elle doit à l'initiative de ce législateur éminent l'instauration dans nos lois de ces généreuses idées de commisération, de pitié et de pardon qui seront toujours le plus noble apanage de l'esprit humain (78).

---

(78) Il semble donc que la loi de sursis, simplifiée, élargie et plus scientifiquement conçue, pourrait, sans grands inconvénients, reposer sur les principes suivants :

1º Extension, sans réserves, du droit de surseoir à l'exécution des peines d'emprisonnement, en ce sens que toutes les juridictions répressives, sans distinction d'ordre et de nature, puissent avoir la latitude d'en user ;

2º Faculté illimitée pour le juge d'accorder le sursis relativement aux peines d'emprisonnement, dans tous les cas où il lui paraîtrait opportun d'en décider ainsi, sans que la liberté de son pouvoir d'appréciation soit restreinte par aucune condition ;

3º Obligation pour la juridiction pénale, qui refuse le sursis à un délinquant primaire, de faire connaître les raisons de ce refus ;

4º Détermination, par le magistrat, de la durée du temps d'épreuve dont il est inutile et dangereux que la loi fixe l'étendue, même par indication de minimum et de maximum.

Si le maintien persistant des harangues de rentrée a été souvent l'objet de nombreuses et vives critiques, il n'en a jamais été de même du pieux et touchant usage, justement respecté de tous, qui fait un devoir de reporter une pensée émue aux collègues que l'âge a séparés de la Compagnie judiciaire et, surtout, d'adresser, à la mémoire de ceux d'entre eux que la mort a frappés, le tribut attristé d'élogieux souvenirs, avivant encore l'acuité des regrets. Hélas ! par quelle inexorable ironie du sort faut-il qu'aujourd'hui cette dernière tâche doive être remplie au regard d'un des plus jeunes magistrats de cette Cour, d'un de ceux auxquels paraissaient assurément réservés les longs et brillants avenirs ! La mort impitoyable ne tient compte ni de l'âge ni de l'étendue des mérites, et il semble qu'elle ait voulu prendre l'odieux plaisir de fournir une preuve éclatante de

---

5º Maintien de la réhabilitation légale lorsque le délai d'épreuve s'est écoulé sans que le sursis ait été révoqué. Au cas où le juge, appliquant à la fois une amende et l'emprisonnement, n'admettrait le sursis que pour la peine corporelle, ces deux peines devraient cependant être effacées par l'effet de la réhabilitation de droit ;

6º Suppression du mode actuel de révocation du sursis. Au lieu d'être entraîné par une condamnation postérieure, nécessaire et suffisante à cet effet, la révocation serait l'œuvre du juge qui pourrait soit l'ordonner, en l'absence de toute condamnation nouvelle, si le bénéficiaire devenait indigne de conserver la faveur du sursis, soit ne pas la prononcer au cas de condamnation postérieure n'impliquant pas une déchéance morale définitive ;

7º Attribution au jury du pouvoir d'accorder le sursis ;

8º Faculté pour le juge de subordonner le maintien du sursis à la réalisation de certaines conditions telles que le désintéressement de la partie lésée, l'enrôlement par voie d'engagement de l'inculpé, etc.

son implacable rigueur en choisissant pour victime M. l'avocat général Vainker.

Le 18 février dernier, la Cour apprenait, avec autant de stupeur que d'affliction, le deuil qui l'atteignait, et, le temps écoulé depuis cette terrible journée, n'a rien enlevé à l'amertume de son émotion. Car M. Vainker était une de ces natures privilégiées qui joignent à l'élévation du caractère les plus précieuses qualités de l'intelligence, et il n'avait point eu de peine à conquérir, ici comme ailleurs, les entières sympathies de tous ceux qui l'approchaient. Dire ce qu'il a été dans sa carrière, c'est tracer le portrait achevé du magistrat vraiment digne de ce nom, tel que les esprits les plus exigeants peuvent en imaginer et concevoir la notion idéale. A Briey, à Epinal, à Laon, où il fut successivement substitut, puis procureur de la République, à Saint-Quentin, dont il présida le Tribunal pendant sept années, à Poitiers, à Lyon, où il exerça les fonctions d'avocat général, partout enfin, le charme et la sûreté de son commerce, la loyauté et la fermeté de ses convictions, l'inépuisable richesse de ses mérites professionnels se sont imposés à l'affection de ses collègues et au respect des auxiliaires de la justice. Préparé à la connaissance du Droit par de solides études juridiques, au cours desquelles il fut lauréat du Concours général des Facultés de France, il s'était en outre rompu à la pratique des affaires par l'exercice de la présidence d'un grand Tribunal. Aussi les remarquables conclusions civiles, qu'il prenait devant la Cour, sans ménager ses efforts, mettaient en pleine lumière la lucidité de son esprit, la netteté de son argumentation, la rectitude de son jugement et la profondeur de sa science. Au Palais, le Monde judiciaire a conservé le fidèle souvenir de cette voix si élégante, dans sa délicatesse, de cette parole si châtiée et

si distinguée, dont la généreuse ardeur révélait la sensibilité
d'une nature d'autant plus impressionnable qu'elle était
plus affinée. La Cour n'oubliera jamais tant de qualités
maîtresses unies à une telle noblesse de caractère. Puisse
le respectueux hommage de ses regrets adoucir la douleur
d'une famille éplorée que la mort de M. Vainker a jetée
dans le plus cruel des deuils.

Durant l'année judiciaire écoulée, les dispositions
inflexibles du Décret du 1er mars 1852 ont appelé au repos
de la retraite, MM. les conseillers Rigot et Cuaz.

Entré dans la magistrature dès 1856, en qualité de substitut à Apt, M. Rigot a été successivement chef des Parquets
d'Uzès, de Privas et d'Avignon, et c'est seulement en 1873
qu'il a quitté les fonctions du Ministère public, pour les
échanger contre celles, non moins périlleuses, de juge
d'instruction à Lyon. Les charges de l'administration judiciaire et de l'exercice de l'action publique l'avaient toujours
trouvé supérieur à leurs exigences; investi, à Lyon, de
fonctions toutes nouvelles pour lui, il se révéla bientôt un
magistrat instructeur hors pair et ses procédures si concises,
mais en même temps si méthodiques et si complètes,
étaient données comme de véritables modèles du genre.
C'est lui qui, en 1882, assumait courageusement la lourde
tâche, qu'il menait à bien, de diriger une longue et difficile
information contre une association néfaste, dont les théories
dissolvantes menaçaient à la fois l'ordre social et le culte de
la patrie. Nommé conseiller en 1885, il n'a point eu d'efforts
à faire pour apporter, soit dans les délibérations civiles, soit
dans la direction des affaires criminelles, la haute autorité
d'un mérite, que le Gouvernement de la République a

justement récompensé, en inscrivant son nom dans l'ordre
de la Légion d'honneur. Chez M. Rigot, l'homme privé
vaut le magistrat et c'est une bonne fortune pour la Cour
qu'un tel collègue lui reste attaché par les liens de l'honorariat.

En prenant place dans votre Compagnie, dont son père
avait été l'un des membres, M. le conseiller Cuaz a continué
de nobles traditions de famille. Après avoir occupé pendant
dix années les fonctions du Ministère public aux Parquets
de Bourg et de Lyon, il était appelé, en 1873, à diriger l'un
des cabinets d'instruction du Tribunal de la grande cité
lyonnaise. Dans ces différents postes, l'estime et l'attache-
ment de tous n'ont cessé de le suivre, et, lorsqu'en 1889,
il est devenu des vôtres, il a rencontré la Cour dans les
mêmes sentiments à son égard. Magistrat assidu, toujours
prêt à donner son concours, en dehors même des audiences
de sa Chambre, soit pour assurer le service, soit pour
obliger un collègue, il trouvait encore le temps de s'affirmer un archéologue distingué et, en cette qualité, il a
publié notamment sur les chartes, les franchises et l'histoire
de Pont-d'Ain, une étude particulièrement appréciée. Sa
bienveillance, toujours prête à s'exercer, sa charmante et
gracieuse affabilité lui ont ouvert le chemin de toutes les
sympathies et, s'il veut bien se souvenir que l'honorariat,
dont il est investi, lui donne, comme par le passé, l'entier
accès de la Cour, il lui suffira d'y revenir pour que toutes
les mains se tendent amicalement vers lui, heureuses de
presser la sienne.

Le décret de 1810 a voulu qu'on pût trouver, dans les
discours qui précèdent la reprise des travaux de la Cour,

l'expression de regrets sur les pertes que le Barreau aurait faites, dans le cours de l'année, de membres distingués par leur savoir, par leurs talents, par de longs et utiles travaux et par une incorruptible probité. En réalité, il était presque inutile que le législateur transformât en obligation une tradition dont la constante et fidèle observation puise sa source dans les sentiments qui unissent la Magistrature et le Barreau. Issus d'une commune origine, magistrats et avocats appartiennent tous à la grande famille judiciaire et se rencontrent dans leurs douleurs et dans leurs joies. Tout récemment, le Barreau de Lyon a été cruellement éprouvé et la mort lui a enlevé trois de ses membres les plus éminents, M. Dulac, qui fut deux fois bâtonnier de l'ordre, M. Rive et M. Enou. La Cour a été la première à ressentir et à déplorer de telles pertes, car elle en sait d'autant plus l'étendue qu'elle appréciait à leur haute valeur ces maîtres de la parole dont la voix éloquente s'est à jamais éteinte.

Messieurs les Avocats,

Le temps est déjà loin où notre législation, en matière pénale, rendait constamment adversaires l'avocat chargé de la défense et le magistrat qui assumait la tâche de requérir une peine au nom de l'Ordre public. Si intéressant que fût l'inculpé, rien ne dispensait des luttes d'audience, quelquefois ardentes, toujours courtoises, auxquelles il n'était pas permis de se soustraire, parce que l'aveugle exigence de la loi imposait au juge l'obligation, s'il ne prononçait pas une

peine, en ce cas excessive, d'assurer une scandaleuse
impunité. Entre ces ces deux solutions, également mau-
vaises, la loi de sursis en a apporté une nouvelle, à la fois
miséricordieuse et utile, conciliant, dans une harmonieuse
logique, le respect des intérêts de l'inculpé repentant et de
la Société outragée. L'action bienfaisante de cette disposition s'est étendue plus loin encore, et l'un de ses effets,
particulièrement précieux pour le Ministère public, est de
faire fréquemment de lui, non plus votre adversaire, mais
votre collaborateur, heureux de vous prêter son concours
pour solliciter avec vous le pardon conditionnel et accomplir
une œuvre commune de justice et d'indulgence.

Messieurs les Avoués,

La Cour apprécie, à son très haut prix, le zèle, l'activité
la scrupuleuse délicatesse dont vous donnez les preuves
dans la conduite des procédures qui vous sont confiées, et
je suis assuré d'être son interprète en vous en rendant le
public témoignage.

Pour M. le Procureur général nous requérons qu'il plaise
à la Cour donner acte qu'il a été satisfait aux prescriptions
de l'article 34 du Décret du 6 juillet 1810 et admettre les
Avocats présents à la barre à renouveler leur serment professionnel.

La Cour a donné acte à M. le Procureur général de ses réquisitions, et ordonné la prestation du serment requis, lequel a été renouvelé, au nom de l'Ordre, par le Bâtonnier des Avocats et les Membres du Conseil de discipline présents à la barre. M. le Premier Président en a donné acte au nom de la Cour.

M. le Procureur général ayant dit ensuite qu'il n'avait plus de réquisitions à prendre, M. le Premier Président a déclaré la séance levée.

Etaient présents et siégeaient :

M. Maillard, O, ❀, ❀, Premier Président.

MM. Bartholomot, ❀, et Devienne, ❀, ❀, Présidents de Chambre.

MM. Ducurtyl, ❀, conseiller honoraire, Gilardin, ❀, doyen, Sauzet, Anselme des Pomeys, Alliod, ❀, Breuillac, Moreau, Pélagaud, Degors, ❀, I., ❀, O, ❀, de Coston, Rimaud, Vialla, De Gounon-Loubens, Molas, Avril, ❀, Peyrecave, Condomine, Barras, Wencker, conseillers.

MM. Moras, ✻, ◉, Procureur général, Thevard, ◉, Mallein, ◉, Bourdon, avocats généraux, Grellet-Dumazeau et Martin, ◉, substituts.

MM. Widor, greffier en chef, Samion, Henry, Mathieu et Coissiat, commis-greffiers.

Étaient absents :

MM. Tallon, ✻, ◉, I., Président de Chambre, et Fayet, conseiller, ce dernier en congé.

Signé à la minute :

P. MAILLARD, Premier Président.
P. WIDOR, greffier en chef.

LYON. — IMPRIMERIE Vᵛᵉ MOUGIN-RUSAND